马克思主义视野下
政府与市场关系研究

张　璐　著

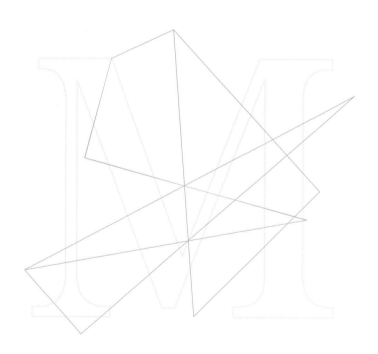

中国社会科学出版社

图书在版编目（CIP）数据

马克思主义视野下政府与市场关系研究 / 张璐著.
北京：中国社会科学出版社，2024. 6. -- ISBN 978-7
-5227-3742-3

Ⅰ. F014.3

中国国家版本馆 CIP 数据核字第 2024F90X52 号

出 版 人	赵剑英
责任编辑	田　文
责任校对	张爱华
责任印制	张雪娇

出　　版	中国社会科学出版社
社　　址	北京鼓楼西大街甲 158 号
邮　　编	100720
网　　址	http://www.csspw.cn
发 行 部	010 - 84083685
门 市 部	010 - 84029450
经　　销	新华书店及其他书店

印　　刷	北京君升印刷有限公司
装　　订	廊坊市广阳区广增装订厂
版　　次	2024 年 6 月第 1 版
印　　次	2024 年 6 月第 1 次印刷

开　　本	710×1000　1/16
印　　张	13.5
字　　数	191 千字
定　　价	69.00 元

前　　言

　　政府与市场关系是贯穿我国经济体制改革过程的重大战略问题，西方主流经济学的研究范式往往忽略二者关系的制度前提，而陷入两难选择的表象理解。以马克思主义为指导，要明确研究的对象是社会主义市场经济条件下的政府与市场关系，其显著的制度特征是中国共产党的领导、以人民为中心的发展思想以及社会主义基本经济制度。

　　中国共产党的领导是中国特色社会主义最本质的特征。以人民为中心的发展思想是中国特色社会主义政治经济学的根本立场，也是社会主义市场经济最重要的制度性规定。社会主义基本经济制度为社会主义市场经济奠定了制度基础。从中国共产党的领导、以人民为中心的发展思想以及社会主义基本经济制度这三个维度，围绕如何发挥中国特色社会主义的制度优势、在党的领导下实现"有效市场和有为政府"的结合进行系统研究，有助于完善和充实社会主义市场经济理论，凸显社会主义制度优越性，为国家经济治理理论的研究提供借鉴。

　　考察改革开放以来我国政府与市场关系演变的历程可以发现，从长期、动态和宏观的视角来看，二者实现了相互协调、相互补充。之所以能实现政府与市场之间相互协调、相互补充，关键在于社会主义市场经济的制度优势。

　　中国共产党不断改进领导水平和执政能力，显示出强大的适应能力，有利于更好发挥政府作用。党不断提高驾驭社会主义市场经济的能力，对社会主义市场经济条件下的各种关系进行约束、激励和制衡，发挥上层建筑对经济基础的反作用，克服和纠正市场经济的弊端和缺陷。

坚持以人民为中心的发展思想，政府机构改革持续推进，激发市场活力和人民创造性；政府的公共利益倾向不断强化，及时纠正过度市场化；持续推动非公有制经济发展；建构统一有序的社会主义市场体系，更好满足人民对美好生活的需要；形成了政府主导下的多元协同大扶贫格局，持续推进减贫事业，消灭绝对贫困，全面建成小康社会；引领政府和市场聚焦社会主义发展的目的，进一步克服中下层普遍贫困化的市场经济基本法则，最终实现共同富裕。

社会主义基本经济制度不断完善和发展，既赋予了我国政府和市场关系新的特点和要求，也为处理政府和市场关系提供了制度优势。正确处理政府与市场关系，必须坚持和完善社会主义基本经济制度。要更加重视筑牢社会主义市场经济的道德支撑、建设适应社会主义市场经济的新型企业家队伍，完善社会主义市场经济体制。

目　　录

绪　　论

第一节　选题背景和研究意义

一　选题背景

政府与市场关系问题是我国改革开放后特别是 20 世纪 90 年代开始提出和讨论的问题，也是贯穿中国经济体制改革过程中充满争议的重大战略问题，如何处理二者的关系是中国经济体制改革的核心和经济发展的关键。在改革开放的过程中，我们对政府和市场关系的认识也在不断深化。习近平总书记指出，政府和市场关系是"经济学上的世界性难题"，要坚持辩证法和两点论，发挥好政府和市场两方面的优势，在实践中努力破解这道难题。

对于如何破解这道世界性难题，西方主流经济学一直存在着经济自由主义和国家干预主义的长期争论，二者此消彼长，形成了"自由市场论""国家调节论""国家推动发展论""驾驭市场论""亲善市场论""发展型政府论"等多种观点。2007 年美国出现次贷危机，美联储拒绝了新古典经济学家宣扬的"市场万能论"，向濒临破产的投资银行提供高额贷款。正是在美联储强有力的干预下，美国经济用了不到 6 年的时间就走出了衰退的阴影。这次由美国次贷危机引发、蔓延全世界的金融危机充分证明，即便是基于成熟市场经济国家发展经验的西方主流经济学理论，也无法解决政府与市场关系这一世界性难题。同时也再次表明，"世界上并不存在所谓'纯粹的'市场经济——一种所有的经济决策都由自由市场作出的经济。所有的市场经济都是混合经济"①。不同国家在市场经济发展的过程中形成了不同的政府与市场关系模式，即便是经济发展程度相似的国家，政府与市场关系模式也大相径庭。

　　对于我国经济理论和实践而言，处理好政府与市场的关系是一项重大课题。由于受新自由主义影响，我国一直以来存在着否定政府的管理组织经济职能的观点，把政府的职能局限于弥补市场自身的缺陷层面，即市场监管、公共服务和社会管理等方面。这样的观点与我国经济社会发展的现实相背离，忽略了我国社会主义基本制度的内在要求。社会主义国家的政府和资本主义国家的政府具有不同的阶级属性和职能，前者是人民的政府，是无产阶级和广大劳动人民的政府，因而是为人民服务的，它具有组织和管理国民经济的职能；后者是资产阶级的政府，是资产阶级统治无产阶级和广大劳动人民的工具，它只干预国民经济而不具有组织和管理国民经济的职能。中国是世界上最大的发展中国家，拥有悠久灿烂的历史文化传统，实行社会主义制度，在完成工业化的过程中，同时面临信息化时代的挑战。中国特殊的国情使得政府与市场的关系具有不同于其他国家的内容和体现，表现出许多新的特点，历史和现实决定了处理政府与市场关系应当超越二者相互替代的西方主流经济学逻辑，需要以马克思主义理论为指导，结合我国社会主义市场经济的实践进行深入研究。

　　以马克思主义为指导研究政府与市场关系，需要明确研究的对象是社会主义市场经济条件下的政府与市场关系。社会主义市场经济，既具有市场经济的一般规律问题，也具有特殊性，是一个非常复杂的现象，世界上没有一个国家与之相似。实践证明，如果抛开社会主义的因素，照搬国外的经验和理论，绝不可能说明和解决中国的问题。中国社会主义市场经济条件下的很多现象并没有遵循市场经济的一般规律，比如中国经济能够长期以较高的速度增长，而实行自由市场经

---

　　① ［挪威］A. J. 伊萨克森等：《理解市场经济》，张胜纪、肖岩译，商务印书馆1996年版，第6页。

济的美国经济从长期看来一直以较低的速度增长；在很多西方经济学家看来早应该崩溃的经济始终没有崩溃，反而成功地抵御了经济危机并成为世界经济复苏的引擎；很多看起来违背市场经济规律的现象在中国却是有效的；等等。从生产资料所有制来看，中国的主要生产资料——土地，并没有私有化。按照市场的一般规律，似乎不利于市场经济的发展，但却符合中国的实际，可以有序消化从农业社会向工业社会过渡期间大量的剩余劳动力，农民工的亦工亦农状况既能解决工业化的劳动力问题，也能解决城市流民问题，而且避免了农业破产所带来的严重问题。从国有企业在国民经济中的地位来看，国有企业在我国经济发展中起主导作用，既是社会主义理念的产物，也是社会主义市场经济的现实需要，使党和政府能够有效驾驭市场，规范和引导资本健康发展，这也是强调只有私有化才有利于市场经济的理论所不能解释的。

实行市场经济几百年的西方国家面对政府与市场关系这个难题，只能在经济自由主义与国家干预主义之间徘徊，实行社会主义市场经济仅仅几十年的中国如何能够实现"有效市场"和"有为政府"？破解这道世界性经济学难题的密码在哪里？中国如何从理论和实践上，走出政府和市场对立的思维模式？解答上述问题，应当立足于社会主义市场经济发展完善的过程，在反映这一过程的规律中去寻找。

研究社会主义市场经济条件下的政府与市场关系，必须突破对社会主义市场经济的狭隘理解，不能仅仅将其视为一个纯粹经济学的范畴。"我们搞的市场经济，是同社会主义的基本制度紧密结合在一起的。"① 对社会主义市场经济这一概念的认识，同样应当重视社会主义所包含的基本政治制度、基本价值观念等方面，这些方面对于市场经济社会主义性质的维系起着重要作用，甚至在某种程度上起到决定性作用。

---

① 《江泽民论有中国特色社会主义（专题摘编）》，中央文献出版社 2002 年版，第 69 页。

中国共产党的领导是中国特色社会主义最本质的特征；以人民为中心的发展思想，是中国特色社会主义政治经济学的最根本立场，也是社会主义市场经济最重要的制度性规定；社会主义基本经济制度为社会主义市场经济奠定了制度基础。本书尝试从中国共产党的领导、以人民为中心的发展思想以及社会主义基本经济制度这三个维度，探索在社会主义市场经济发展完善的过程中，政府与市场关系的制度性约束以及处理政府与市场关系所具有的有利制度环境。

二 研究意义

（一）理论意义

第一，有助于完善和充实社会主义市场经济理论。众多现有研究主要集中于如何划分政府与市场边界、完善市场机制、推进政府改革和职能转变等方面，实际上还是局限于体制的框架。本书从中国共产党的领导、以人民为中心的发展思想、社会主义基本经济制度这三个维度，为系统研究政府与市场关系的制度约束以及处理政府与市场关系所具有的有利制度环境提供了新的理论视角，是对现有理论的充实和完善。

第二，凸显社会主义制度的优越性。社会主义基本制度与市场经济结合是一个互动的过程，这一过程也是社会主义基本制度逐步呈现优越性的过程。社会主义的基本制度既能够适应市场经济发展的需要而不断完善，也能够通过发挥制度性力量规制、改造市场经济，创造有利的制度条件以正确处理政府和市场关系，进而超越资本主义市场经济。在以人民为中心的发展思想引领下，我国政府与市场之间形成了功能协同，良性互动，逐步解决分配不公、收入差距、城乡区域公共服务水平差距较大等问题，让广大人民群众共享改革发展的成果。党的执政方式不断改进和完善，执政能力日益提升，有利于更好发挥政府作用，不断提高驾驭社会主义市场经济的能力，发挥上层建筑对经济基础的反作用，约束、激励和制衡社会主义市场经济条件下的各种关系。社会主义基本经济制度不断完善和发展，既赋予了我国政府与市场关系新的特点和要求，也为处理政府与市场关系提供了制度优势。

第三，党的领导、以人民为中心的发展思想以及社会主义基本经济制度，为正确处理政府与市场关系创造了有利的制度条件，有利于社会主义市场经济持续健康发展，也为国家经济治理理论的研究提供了借鉴。

（二）现实意义

第一，有利于在处理政府与市场关系的实践中，摒弃政府和市场对立的思维模式，更加注重发挥社会主义制度的优势，实现两者作用的协调配合。

第二，增强中国特色社会主义制度自信。在社会主义市场经济发展的过程中，存在着市场万能论、弱化党的领导、否定党和政府的积极作用、主张私有化、否定公有制主体地位、一味强调市场效率而视公平为发展代价等错误思潮。因此，从以人民为中心的发展思想、党的领导制度、社会主义基本经济制度等维度系统研究正确处理政府与市场关系问题，有力驳斥上述错误思潮，对于坚持和完善社会主义基本制度、增强中国特色社会主义制度自信具有积极意义。

第三，本书对美国作为发达市场经济国家在政府与市场关系上的一些具体做法进行了实证研究，揭露了西方主流经济学的欺骗性。对政府与市场关系的研究，既要批判吸收西方经济学各个流派有益的理论研究成果，还应当重视其在现实中的应用，更要重视主要发达国家真实市场经济的运行研究，而不能简单地运用其结论裁剪我国政府与市场关系的现实。

第二节　文献综述

一　国内研究现状

在改革开放前的计划经济体制下，政府处于绝对的主导地位，排斥商品经济的发展和市场的调节作用。十一届三中全会以来，我国开始向社会主义市场经济过渡，经济体制改革集中在如何认识和处理计划（政府）与市场的关系问题上。根据实践拓展和认识深化，中国共产党不断寻求政府与市场关系新的科学定位，实现了二者关系的理论创新，既推动了经济体制改革的实践创新，同时也推动了理论界的讨论和认识的飞跃。长期以来，理论界从不同角度对政府与市场关系进行了广泛和深入的研究，取得了丰富的研究成果。

（一）计划与市场主辅地位问题

在社会主义市场经济体制的改革目标确立之前，理论界的探讨主要集中在计划和市场何者"为主为辅"的问题上。

刘国光的研究具有代表性，其始终坚持运用唯物辩证法，结合不同时期经济体制改革的实际情况和客观需要来分析政府与市场关系。在改革初期，针对长期以来在计划与市场关系问题上出现的片面重视计划而忽视市场的主要错误倾向，他认为当时首先应该重点解决在社会主义经济条件下发展商品经济及利用市场机制的问题。同时，也必须防止和反对片面夸大市场作用，忽视乃至否定计划作用的倾向。[①]在分析计划和市场各自的优势和缺陷基础上，他提出，对于计划和市场二者的关系问题应当通过不断的实践探索，寻找符合不同时期条件的答案。[②] 随着改革的发展和不断深入，他在坚持市场导向改革的同时，也始终坚持社会主义经济的"计划性"，认为国家计划的约束性和问责性不强，导致了国家宏观调控能力减弱。[③]

（二）转型期的政府与市场关系

一些学者着重研究了我国政府与市场关系在转型期的特点，认为在向社会主义市场经济转型的过程中，政府应当发挥主导作用。

---

① 刘国光：《社会主义市场经济理论问题》，中国社会科学出版社 2013 年版，第254—270 页。

② 刘国光：《社会主义市场经济理论问题》，中国社会科学出版社 2013 年版，第293—296 页。

③ 刘国光：《社会主义市场经济理论问题》，中国社会科学出版社 2013 年版，第69—70 页。

胡鞍钢和王绍光认为，中国正处于向市场经济转型的过程中，政府应加强对市场转型的主导作用，需要破除市场经济的自然性、自发性以及向市场转型只有收益没有成本的"神话"，强调政府的作用正是要发挥市场的有效作用，促进市场发育和发展，在政府作用指导下更好地充分发挥市场配置资源的基础性作用。同时，更好发挥政府作用的前提是政府体制的变革、职能的转换、机构的消肿、人员的调整。①

张宇强调我国的经济体制长期处于从计划经济向市场经济转型的历史过程之中，会对政府和市场的关系产生极大影响。作为发展中国家，应当发挥政府在经济社会发展中的主导作用，西方国家的政府干预模式以凯恩斯主义为理论基础，并不适合中国国情。对于以公有制为主体的中国社会主义市场经济而言，国家应当以宏观经济的调节者、生产资料的所有者这一双重身份介入经济运行过程。②

（三）关于市场在资源配置中起决定性作用和更好发挥政府作用

党的十八届三中全会之后，理论界的研究重点转向资源配置领域政府与市场关系、"市场决定"条件下的政府地位等相关问题。

1. 资源配置领域政府与市场关系

刘国光从资源配置的微观和宏观层次以及一些不同的领域来探讨政府与市场关系，认为在微观层次，市场价值规律可以通过供求变动和竞争机制促进效率，发挥"决定性"作用；但是在资源配置的宏观层次，以及有关国家社会安全、住房、教育、医疗等领域，市场机制存在缺陷和不足，不能主要依靠市场调节。③

卫兴华从微观经济运行和宏观经济领域两个层次，结合不同所有制性质的经济，具体分析了社会主义市场经济条件下政府与市场在资

---

① 王绍光、胡鞍钢：《政府与市场》，中国计划出版社 2000 年版，第 7—17 页。

② 张宇：《中国经济改革的经验及其理论启示》，中国人民大学出版社 2015 年版，第 248、252、253 页。

③ 刘国光：《资源配置的两个层次和政府市场的双重作用》，《社会科学报》2014 年 6 月 5 日第 1 版。

源配置中的作用。在微观经济运行的层面，他认为从总体上看，我国的公有制企业和非公企业的资源配置都已经由市场机制决定，但是还需要进一步完善和健全。同时，又区分了市场配置资源的两个层次，对于公有制经济而言，在资源配置的经营管理层次上，主要由市场决定；但是在投资取向层次上，一些新兴高科技产业的投资与生产和民航、高铁等基础设施建设等则不完全也不主要是由市场决定的；作为社会主义国家，应当变革与创新资源配置理论。宏观经济领域，保持改革和发展的社会主义方向（生产关系即经济制度）、生产力的发展（经济增长与发展）都需要政府决定或参与配置资源。市场经济虽然自身不具有"姓社"或"姓资"的属性，但如果微观和宏观经济领域都完全由市场决定资源配置，任由市场经济自发发展，则不会导向社会主义的巩固和发展。①

程恩富坚持市场与国家"功能性双重调节论"，主张双重调节论。② 在从 1990 年开始发表的一系列论著中③，其基于对"以市场调节为基础"的五大功能优势和功能劣势，以及"以国家调节为主导"的五大功能优势和功能劣势的分析，认为市场调节和国家调节是对立统一的辩证关系，应当构建国家主导型的多结构市场制度。"市场决定性作用"和政府的规划配置能够实现在功能上良性互补、效应上协同、机制上背反。

2. "市场决定"条件下的政府地位问题

一些学者主张最少的政府干预。张维迎把政府作为反市场的力量存在，认为政府的作用仅限于对私有产权和自由竞争的有效保护，所

---

① 卫兴华、闫盼：《论宏观资源配置与微观资源配置的不同性质——兼论市场"决定性作用"的含义和范围》，《政治经济学评论》2014 年第 4 期。

② 程恩富：《改革开放以来新马克思经济学综合学派的若干理论创新》，《政治经济学评论》2018 年第 6 期。

③ 程恩富：《构建"以市场调节为基础、以国家调节为主导"的新型调节机制》，《财经研究》1990 年第 12 期；程恩富：《改革、开放和发展的不同思路与流派》，《上海市经济管理干部学院学报》2007 年第 2 期；程恩富、高建昆：《论市场在资源配置中的决定性作用——兼论中国特色社会主义的双重调节论》，《中国特色社会主义研究》2014 年第 1 期。

谓的"市场失灵"，很大程度上是市场理论的失败，或者是政府干预导致的市场紊乱，而不是真正的市场失灵。政府管制不仅造成了效率低下，而且产生严重的社会不公和腐败，甚至导致了严重的饥荒和社会的崩溃。因此，如何防止政府对市场的破坏是人类面临的永恒挑战。[1]

与"最少政府干预"的观点相对立，大多数学者认为政府与市场在很多方面发挥着不同的作用，两者之间可以起到互为补充的作用。林毅夫基于比较优势理论，认为处理好政府与市场关系，既需要有效的市场，也需要有为的政府，对于转型中的国家，有为的政府尤其重要。[2] 简新华认为，从供求关系来看，社会主义市场经济运行的基本特征应该是"供求基本平衡经济"。社会主义市场经济的运行机制既不能是单一的市场机制，也不能是单一的计划机制，而应当是"市场在资源配置中起决定性作用和更好发挥政府作用"。市场作用和政府作用协调配合的关键是必须合理有效纠正"市场失灵"和"政府失灵"。[3] 袁恩桢认为，改革开放30年来，我国在政府与市场关系上已经形成"强政府、强市场"的新颖格局，这也是社会主义市场经济不同于资本主义市场经济的一个重大特点。在经济发展的不同时期，强政府的具体内涵有所差异，如何更好发挥社会主义市场经济条件下强政府的作用，需要进行艰苦探索。[4]

（四）社会主义制度对政府与市场关系的影响

一些学者更加关注社会主义制度对政府与市场关系的影响，主要围绕以下几个方面展开研究。

1. 社会主义市场经济条件下政府职能的特殊性

卫兴华认为，西方经济学是将长期的市场经济实践上升为有关的

---

① 张维迎：《政府与市场——中国改革的核心博弈》，西北大学出版社2014年版，第9页。

② 林毅夫：《处理好政府和市场的关系》，《人民日报》2013年12月28日第7版。

③ 简新华：《社会主义市场经济的运行特征和合理有效机制探索》，《毛泽东邓小平理论研究》2017年第8期。

④ 袁恩桢：《政府与市场关系的历史演变》，《毛泽东邓小平理论研究》2016年第6期。

概念和理论，逐渐认识到政府在发展市场经济中的重要作用。而社会主义国家由计划经济转向市场经济，缺乏理论准备和实践经验，不能照搬西方经济学的观点，市场决定资源配置并不意味着经济发展的所有领域都由市场决定，强市场更需要强政府与之相结合。在我国，市场主要是在微观经济领域的资源配置中起决定作用，比如在南水北调、西电东输、西部大开发、振兴东北老工业基地等涉及宏观经济领域资源配置中，则主要依靠党的领导和政府的决策。①

余金成和蔡昉均认为只有通过政府作用才能实现共同富裕，前者同时指出社会主义市场经济与资本主义市场经济最大区别在于政府作用不同②，后者主张在实现共同富裕的目标上，政府主导的再分配政策虽然不可或缺，但如果政府的作用仅仅局限在再分配政策上，则无法实现共同富裕的目标。③

杨承训认为社会主义市场经济要求以人为本（正当追求经济利益，又用之于民）决定了政府主导是其内在要求，建立强政府与旺市场是正确的改革方向，应当注重发挥政府的宏观调控作用和国有经济的主导作用。④

2. 基本经济制度对于政府与市场关系的影响

胡钧认为，不同的社会经济制度产生不同的政府和市场的关系。根据马克思关于市场经济一般与它所依附的特定的社会生产方式的关系原理，在社会主义制度中，市场经济是社会主义用来发展生产力的方法、是为社会主义生产目的而服务的；而党和在党的领导下的政府是市场的"驾驭者"，应当发挥较资本主义国家更为广泛、基于社会主义制度要求的特殊的经济职能。通过加强宏观调控、制定经济发展

① 卫兴华：《关于市场配置资源理论与实践值得反思的一些问题》，《经济纵横》2015年第1期。

② 余金成：《社会主义市场经济是人类发展模式创新》，《理论与现代化》2018年第4期。

③ 蔡昉：《为处理好政府和市场的关系贡献中国智慧》，《理论导报》2019年第1期。

④ 杨承训：《中国市场经济改革应重视强政府与旺市场的建设》，《经济纵横》2012年第2期。

的长远目标和一定阶段的发展规划，增强经济发展的自觉性。①

陶玉认为，市场作为资源配置的方法和手段，依附于它所产生的基本经济制度并为其经济发展服务。不同所有制条件下市场发挥作用的性质和方式、程度上具有特殊性，社会的基本经济制度决定了市场发挥作用的范围和程度。②

3. 党的领导和正确处理政府与市场关系

张宇认为应当从市场经济的一般规律、国情和发展阶段与我国的基本制度三个主要的维度来认识和界定社会主义市场经济中政府的作用。从更广泛的角度看，政府的作用应当包括党领导经济的路线方针政策，以及思想理论、价值观念、道德规范等。党政有为是社会主义市场经济的本质要求和制度优势，是推动中国经济发展的强大动力。市场有效、党政有为是中国经济成功的关键。③

余金成认为，社会主义市场经济中政府的作用应当是使市场经济避免自发状态，要实现共同富裕的目标，这一作用是必不可少的。中国共产党是社会主义的政治权力核心，实施全面从严治党战略的成效决定了政府能否真正推动共同富裕目标的实现，同时促进现代社会主义生产方式的形成。政治权力发挥重要作用是社会主义市场经济的特征，成功的关键在于通过全面从严治党实现政治权力的干净、高效运行，筑牢社会主义市场经济的社会基础，为社会主义市场经济发展提供政治保证。④

杨承训认为，中国共产党领导是社会主义市场经济的优势所在，只有坚持党的正确领导，才能实现市场作用与政府作用的协调配合。党的先进性、统一性，及其在政治、思想、组织的优势，通过政府发

---

① 胡钧：《正确认识政府作用和市场作用的关系》，《政治经济学评论》2014 年第 3 期。
② 陶玉：《更好发挥政府作用是社会主义市场经济的独特优势》，《马克思主义研究》2014 年第 7 期。
③ 张宇：《党政有为是社会主义市场经济的本质要求》，《经济导刊》2014 年第 5 期。
④ 余金成：《全面从严治党与完善社会主义市场经济》，《中共天津市委党校学报》2017 年第 1 期。

挥指导、协同功能。①

胡乐明认为，坚持政府与市场共进共生、积极渐进的演变方式，始终坚持共产党领导和社会主义发展方向，从根本上保证了政府选择和行为长期具有广泛的人民性、公共性，中国逐步构建了政府与市场之间"互融共荣"的新型关系，成功实现了经济转型发展。②

辛向阳认为，新时代中国马克思主义需要科学回答众多复杂的难题，其中一个重大问题就是如何提高党驾驭社会主义市场经济的能力，从多个方面确保党内不会存在形形色色的政治利益集团，也不会存在党内同党外相互勾结、权钱交易的政治利益集团。③

二　国外研究现状

（一）西方经济学主流的经济自由主义与国家干预主义

西方经济学界针对政府与市场关系问题进行了长期争论，形成了经济自由主义和政府干预主义两大思潮。尽管古典经济学和新古典经济学有着不同的分析方法，但二者都主张经济自由放任，强调政府不应干预经济。

凯恩斯否定"供给能够创造需求"的"萨伊定律"，提出"有效需求不足"理论，为政府解决市场宏观性失灵提出了一套行之有效的办法。凯恩斯主义在 20 世纪 50 年代以后形成了两个重要的学派——以英国剑桥大学的罗宾逊为代表的新剑桥学派和以美国的萨缪尔森等人为代表的新古典综合派。80 年代后期又兴起了新凯恩斯主义，在坚持政府干预市场必要性的同时，更加重视干预政策的有效性。

20 世纪 70 年代以后，西方经济陷入严重的"滞涨"危机，政

---

① 杨承训：《党的领导是社会主义市场经济体制的重要特征》，《红旗文稿》2015 年第 16 期。

② 胡乐明：《政府与市场的"互融共荣"：经济发展的中国经验》，《马克思主义研究》2018 年第 5 期。

③ 辛向阳：《新时代中国马克思主义需要回答的三个重大问题》，《思想理论教育》2018 年第 12 期。

府干预经济的负面效应凸显，新自由主义经济思潮兴起，形成了货币主义学派、理性预期学派、供给学派、伦敦学派、公共选择学派等众多流派，这些学派的理论体系和政策主张有着很大不同，共同点在于倡导自由市场，反对凯恩斯主义的政府干预经济理论。

作为西方主流经济学的经济自由主义和国家干预主义之间的争论从某种意义上是意识形态的争论，缺乏经验研究支持，忽视了世界范围内市场经济的复杂性以及政府与市场关系的多样性。

（二）非主流经济学对于美国政府与市场关系的研究

区别于主流的经济学，一些学者通过经验研究，论证了美国并不是一个自由主义或放任主义的国家，从中也可以看出意识形态、政治制度对于处理政府与市场关系问题的影响。

马祖卡托和弗雷德·布洛克研究了美国政府在创新领域的作用。马祖卡托通过对美国政府广泛参与突破性技术创新的基础研究、应用研究和商业化的各个阶段的实践进行研究，将美国定义为"企业家型国家"。并在对西方经济学的市场失灵理论进行批判性分析的基础上，认为国家可以在生产和创新中发挥企业家、风险承担者和市场创造者的"企业家型国家"的重要作用。[1] 弗雷德·布洛克认为，美国是一个隐形的发展主义网络化国家。一方面，虽然新自由主义思想在过去30年来一直在美国政治意识形态中起主导作用，加之党派冲突，使得联邦政府的发展主义政策"隐形"，但是联邦政府实际上推动了美国国家创新体系的根本性变革，通过国家的技术政策深深地介入了其商业经济的各个环节。[2]

威廉·诺瓦克认为，美国是而且一直是更强势、更大气、更执着、更干预主义，以及更具再分配性的，而这与对美国历史的早期印象不同。政府干预通常有利于资方，同时暗示了这些干预通常用于侵

---

[1]　Mariana Mazzucato, *The Entrepreneurial State：Debunking Public vs. Private Sector Myths*, Demos, London, UK. 2011, pp. 75 – 88.

[2]　Block, Fred, "Swimming Against the current：The Rise of A Hidden Developmental State in the United States", *Politics and Society*, 2008. 36（2）.

犯被统治者。①

　　莫妮卡·普拉萨德通过考察美国 19 世纪中叶到 20 世纪中叶的百年财税史，揭示了美国积极政府干预主义的起源、影响和核心特征——"按揭凯恩斯主义"。她认为，作为利益集团的美国农场主和民粹主义国家行动者的互动最终导致美国走向凯恩斯主义的消费国家和消费导向型的经济发展模式，美国实际上是政府积极干预的国家。按揭凯恩斯主义式的政府干预导致了更大程度的贫困和不平等，不仅无益于降低经济不平等，而且带来了不利于经济增长的新因素，也是美国金融危机的制度性根源之一。②

　　（三）对于东亚新兴国家和地区政府与市场关系的研究

　　一些学者通过实证研究，介绍和分析了东亚新兴国家和地区政府与市场关系模式。罗伯特·韦德通过对大量实证材料进行分析，指出台湾当局始终是市场的领导者，政府驾驭市场主要不是在产品层次上，而是在投资层次上展开，在对生产要素的组织上始终发挥着组织者的角色。他同时分析了政府、体制和市场的关系，强调政治制度与政府"驾驭市场"功能之间的特殊关系，指出东亚新兴工业化国家和地区的政府成功抑制了各种利益集团竞争的干扰，从而体现了提高整个国家整体经济水平的整体利益。③ 青木昌彦等通过考察亚洲金融危机之后日本经济体系的变化与国家的作用，认为政府作用取决于国家的类型和角色，或者抑制、代替市场功能，或者对市场作用加以扩张或补充。④

　　还有学者认为中国存在着三种资源配置的重要力量：中国共产

---

　　① Novak, William, "The Myth of the 'Weak' American State", *American Historical Review*, 2008. 113（3）.

　　② ［美］莫妮卡·普拉萨德：《过剩之地：美式富足与贫困悖论》，余晖译，上海人民出版社 2018 年版，第 323—329 页。

　　③ ［美］罗伯特·韦德：《驾驭市场——经济理论和东亚工业化中政府的作用》，吕行建等译，企业管理出版社 1994 年版，第 2—3 页。

　　④ ［日］青木昌彦、奥野正宽、冈崎哲二编著：《市场的作用，国家的作用》，林家彬等译，中国发展出版社 2002 年版，第 2 页。

党、政府和市场，从中国社会主义初级阶段的国情出发，研究了社会主义市场经济体制下三者的互动关系，即：中国共产党是制度变革与制度均衡的决策者，政府是制度供给与政策创新的指导者，市场是通过有序竞争，规范、引导人们本能的寻利行为走向社会福利最大化目标的操作者。社会主义市场经济体制应当避免以党代政、以党代市场，要求形成最适当的党、政府、市场的互动模式，即中国共产党与政府是互助、互补和互动的关系；中国共产党对市场关系进行约束、激励和制衡；政府规范市场主体，实现社会福利最大化。

三　现有研究成果述评

现阶段，有关政府与市场关系的研究具有以下几个方面的特点和不足：

第一，关于市场对资源配置所起的决定性作用，学者们虽然在决定性作用的范围和层次上有着不同认识，但从总体上来说，存在着基本的共识。而对于政府作用，却存在着较大争议。从改革开放以来我国政府和市场关系的实践来看，政府部门主动创造和培育市场，在经济发展和社会转型过程中发挥了重要作用。然而在理论界，一些理论经济学家却不认可政府部门的重要作用，甚至试图从理论上否定政府部门在经济发展中的重要性。[①]

第二，党的十八大以来，学术界开始较多关注社会主义制度对政府与市场关系的影响，提出了很多重要的理论观点，比如在南水北调、西电东输、西部大开发、振兴东北老工业基地等涉及宏观经济领域资源配置中，主要依靠党的领导和政府的决策；强调发挥政府的宏观调控作用和国有经济的主导作用；通过政府作用实现共同富裕；始终坚持共产党领导和社会主义发展方向，才能构建政府与市场的新型关系，实现经济转型发展。这些重要的理论观点散见于学者的相关著

---

① 胡怀国：《破解理论经济学界的"小政府"迷思》，《学习与探索》2017 年第 12 期。

作中，尚缺乏系统性研究。

第三，国外对政府与市场关系的研究大多还是以成熟的市场经济体制国家为对象，对东亚新兴国家和地区政府与市场关系的研究聚焦政府在市场经济中发挥的不同作用以及政治制度对于政府和市场关系的影响，为研究我国政府与市场关系提供了借鉴。

马祖卡托和弗雷德·布洛克的研究显示，在创新领域，美国政府发挥了重要作用，推动了美国国家创新体系的根本性变革，与其主流经济学所倡导的将创新活动完全交给市场相反。我国应当坚持政府在创新领域的重要作用，同时借鉴美国的一些做法，发挥集中力量办大事的制度优势。此外，他们的研究也提醒我们，要注意西方经济学理论和实践相脱离所带来的欺骗性，避免对我国制定经济政策产生误导。

有些学者的研究注意到了社会主义市场经济条件下，我国在资源配置层面所具有的特殊性，即中国共产党所起到的重要作用。但其对中国共产党作用的认识存在偏差，我国政府是在党的领导下发挥在资源配置中的作用，党本身并不直接参与资源配置。此外，还把中国共产党作为利益主体，认为党和政府各自具有利益关系，二者之间容易产生某些冲突现象。而中国共产党是没有自身特殊利益的，党和政府之间主要是解决好领导方式和执政方式的问题。

第四，从研究方法上来看，较多研究采用西方经济学的理论框架，受经济自由主义和国家干预主义范式的影响，按照成熟市场经济国家的模式来界定我国政府和市场的作用边界，研究结果往往失之偏颇。

第三节　研究内容与研究方法

一　研究内容

政府有广义和狭义之分，本书所指的政府不是狭义上的政府——行政机关或内阁，而是指广义上的政府，即国家机构的总体与执政党之和。在中国的政治社会制度和政治社会结构中，政府（中央）和国家在实质上几乎是同一涵义。因此在本书的相关论述中，是把国家和政府作为同一概念加以使用的。中国共产党对国家机关和国家各方面的工作实行政治领导、组织领导和思想领导，对国家的大政方针和重大事项直接决策（经法律手续后，由行政机关执行）。① 社会主义市场经济条件下，研究政府与市场关系，应当囊括党政关系，考察作为最高政治领导力量的中国共产党所发挥的重要作用。此外，政府也是一个层级概念，包括中央政府和地方各级政府，本书的分析特指中央政府。

　　绪论介绍选题的背景、意义和研究方法。

　　第一章系统回顾马克思主义经典作家关于政府与市场关系的理论。马克思和恩格斯在对资本主义经济关系研究的总体框架下，对市场范畴、市场机制以及市场经济运行等问题进行了深入探讨，科学地揭示了作为人类社会经济发展形式的商品经济的基本规律、特殊规律和一般规律。马克思和恩格斯关于市场和市场制度、经济危机、社会劳动的计划调节和市场调节、政府的理论，对当前社会主义市场经济条件下的政府与市场关系研究具有重要的指导意义。列宁、斯大林和毛泽东等经典作家侧重探索了社会主义制度下的政府和市场的理论与实践问题。列宁关于政府与市场的理论及实践，经过了从战时共产主义时期完全排斥商品货币关系和市场到新经济政策时期全面恢复商品生产和交换的转变，实际上承认了利用商品货币关系建设社会主义的必要性。斯大林论证了社会主义制度下商品生产和商品交换存在的必要性，明确了商品生产可以为社会主义建设服务。毛泽东论述了价值规律在社会主义社会中的作用，将两种并存的公有制形式作为社会主义社会商品生产的根据，同时提出商品生产的命运最终同生产力水平密切相关。马克思主义经典作家关于社会主义与商品经济的理论，特别是斯大林和毛泽东在建设社会主义过程中对如何更好利用商品生

―――――――――

　　① 朱光磊：《当代中国政府过程》，天津人民出版社2002年版，第13页。

产、发挥价值规律作用的探索，虽然在当今看来具有相当的局限性，并且由于多种原因并未付诸实践。但在当时普遍存在社会主义必须立即消灭商品经济和价值规律的认识普遍存在的情况下，对发展社会生产力、推动社会主义建设起到了一定的作用，并且为社会主义的经济体制改革作了必要的理论准备。

第二章考察改革开放以来，在社会主义市场经济体制建立并发展完善过程中，我国处理政府与市场关系的理论和实践。从 1978 年至今，政府与市场关系大致可分为三个阶段，第一个阶段是从 1978 年至 1992 年，政府主导，逐步引入市场机制，市场的地位和作用不断提升，经济体制改革的目标也逐渐明晰；第二个阶段是从 1992 年至 2013 年，发挥宏观调控作用与强化市场配置资源的基础性作用，市场机制对经济活动的调节作用大大增强，更加注重从制度上确保市场作用的充分发挥；第三个阶段是 2013 年至今，市场在资源配置中起决定性作用并更好发挥政府作用。采取实证分析方法，主要从市场体系的发展和完善、政府机构改革和职能转变两个方面分析政府和市场关系的演变。从政府和市场关系演变的历程可以看出，我国市场化程度大幅度提高，政府退出微观领域的步伐也逐渐加快，政府机构持续改革、职能日益优化。从长期、动态和宏观的视角来看，二者实现了相互协调、相互补充。十八届三中全会提出"使市场在资源配置中起决定性作用和更好发挥政府作用"，这一论断是总结了改革开放以来我国的历史经验而得出的科学结论。

在政府与市场关系中，关于市场对资源配置所起的决定性作用，学术界有着基本的共识，而对政府作用却存在着较大争议。一些学者不认可政府部门的重要作用，甚至试图从理论上否定政府部门在经济发展中的重要性。本书对改革开放以来的政府作用进行了系统考察，认为政府在转型期发挥了主导作用，以强势政府驾驭资本、推动市场发挥优化资源配置的作用，政府和市场实现了相互促进、互为补充，共同推动了社会主义市场经济的发展。在此基础上，分析了现阶段更好发挥政府作用的必要性，并通过对美国政府在金融监管方面、创新领域所起作用的实证分析，进而提出我国政府应当更有效发挥监管职能，特别是对金融机构的监管；此外，政府也应当在创新领域发挥更重要的作用。

第三、四、五章从党的领导、以人民为中心的发展思想、社会主义基本经济制度三个维度，探讨社会主义制度适应社会主义市场经济发展提出的要求不断完善，对政府和市场关系有着何种影响和要求，为政府和市场关系相互协调、相互促进创造了哪些有利的制度环境。

第三章党领导下的政府与市场关系。通过对中西方政党制度与政府的经济职能二者之间关系的分析，特别是美国两党均受制于强大的利益集团的实证研究，凸显我国的政党制度具有有效发挥政府经济职能的优势。对中国共产党而言，在社会主义条件下引入市场机制，是一项伟大创举，同时也面临着提高执政能力、改进执政方式的挑战。在社会主义市场经济建立发展并逐渐完善的过程中，我们党不断改进和完善执政方式，提高科学执政、民主执政、依法执政的水平，显示出强大的适应能力。党的执政方式不断改进和完善，执政能力日益提升，有利于更好发挥政府作用，具体表现在：持续推动党和国家机构改革，促进政府职能转变；科学执政，建设有效性政府；民主执政，建设人民满意的服务型政府；依法执政，推进法治政府建设。随着市场机制作用不断加强，同时一些市场经济的弊端和缺陷也逐步显现，必然要求党不断提高驾驭社会主义市场经济的能力，对社会主义市场经济条件下的各种关系进行约束、激励和制衡，发挥上层建筑对经济基础的反作用。

第四章以人民为中心的发展思想引领下的政府与市场关系，从以人民为中心这一中国特色社会主义政治经济学的最根本立场、社会主义市场经济的最重要的制度性规定出发，阐明了只有坚持以人民为中心，才能找到政府与市场之间的最佳平衡点。在不同时期发展思想的指导下，我们不断解决社会主义市场经济条件下的各类问题，使社会主义市场经济不断朝着更加高效和公平公正的方向发展。以人民为中心的发展思想是新时代正确处理政府与市场关系的价值引领，要求作出更有效的制度安排，解决分配不公、收入差距、城乡区域公共服务水平差距较大的问题，让广大人民群众共享改革发展的成果。坚持以人民为中心，我国政府与市场之间形成了功能协同、良性互动。政府机构改革持续推进，激发市场活力和人民创造性；政府的公共利益倾向不断强化，及时纠正过度市场化；从人民需要出发，持续推动非公有制经济发展；建构统一有序的社会主义市场体系，更好满足人民美好生活需要。我国形成了政府主导下的多元协同大扶贫格局，持续推进减贫事业，消灭绝对贫困，全面建成小康社会。政府和市场二者相互协调、相互促进，能够进一步克服中下层普遍贫困化的市场经济基本法则，最终实现共同富裕。

第五章社会主义基本经济制度条件下的政府与市场关系。基本经济制度是一个社会经济制度的核心与基础，也是决定政府与市场关系的主要因素。社会主义基本经济制度，为社会主义市场经济奠定了制度基础，这一制度在改革开放的实践中不断完善和发展，既赋予了我国政府与市场关系新的特点和要求，也为处理政府与市场关系提供了制度优势。本章首先梳理社会主义基本经济制度为适应市场经济发展的要求而不断发展完善的历史进程，在此基础上，进一步分析了社会主义基本经济制度为正确处理政府与市场关系提供了哪些方面的制度优势，以及完善社会主义基本经济制度对正确处理政府与市场关系所提出的要求。

二　研究方法

一是唯物辩证法和历史唯物主义。坚持联系的观点、发展的观点、全面的观点、对立统一的观点；用生产关系必然与生产力发展相适应的基本原理来分析政府与市场关系；用经济基础决定上层建筑，上层建筑对经济基础具有反作用的基本原理来分析党对经济工作的领导和政府的经济职能。

二是比较研究的方法。在论述过程中，贯穿着马克思主义基本原理、中国特色社会主义政治经济学与西方经济自由主义和政府干预主义等相关理论的比较分析。在一些观点的论证过程中，也较多运用了比较研究方法。比如，通过比较我国政党制度和西方政党制度分别对各自政府经济职能的影响，凸显我国政党制度在发挥政府经济职能上的优越性。

三是实证分析法和规范分析法。运用实证分析法考察我国政府与市场关系的演变以及党对政府与市场关系科学定位的探索，运用规范分析法探求政府和市场互相协调、互促互进的实现路径。

第四节　创新与不足之处

一　创新点

第一，整体性研究。运用马克思主义立场、观点、方法，分析社会主义市场经济条件下的政府与市场关系，围绕如何发挥中国特色社会主义的制度优势、实现"有效市场和有为政府"进行系统研究。

第二，视角创新。研究中国特色社会主义制度和政府与市场关系的互动是一个新的视角。着眼于中国特色社会主义制度和政府与市场关系的互动，围绕两个方面的问题展开论述。一方面，探究人民为中心的发展思想、党的领导、社会主义基本经济制度在适应社会主义市场经济发展的过程中，如何为正确处理好政府与市场关系创造条件；另一方面，不同于以私有制为基础的资本主义市场经济，以人民为中心的发展思想、党的领导、社会主义基本经济制度对处理政府与市场关系具有何种制度性约束。

第三，内容创新。针对理论界存在对政府部门的重要作用的不认可，将政府的职能局限在弥补市场自身的缺陷，即市场监管、公共服务和社会管理等方面，甚至试图从理论上否定政府部门在经济发展中的重要性，本书对改革开放以来的政府作用进行了系统考察，分析现阶段更好发挥政府作用的必要性以及政府应着重在监管、创新领域发挥更加重要的作用。

本书从以人民为中心的发展思想、党的领导、社会主义基本经济制度三个维度，分析了政府与市场关系的制度性约束以及处理政府与市场关系所具有的有利制度环境。从以上三个层面进行综合考察，颇具新意，揭示了社会主义市场经济与资本主义市场经济的本质区别，避免陷于西方经济学的研究框架，划定了一个马克思主义的视野。

本书提出的一些论点，诸如破解政府与市场关系这一经济学上的战略性难题的关键在于发挥中国特色社会主义的制度优势、以人民为中心是正确处理政府与市场关系的价值引领、筑牢社会主义市场经济的道德支撑、建设适应社会主义市场经济的新型企业家队伍等，具有一定的创新性。

二　不足之处和今后的研究方向

从社会主义制度的视角研究政府与市场关系，研究对象覆盖面较宽，理论性也比较强。囿于自身理论水平，笔者对相关问题的分析理论深度不够，对于一些问题的研究不够深入。特别是对当前政府和市场关系中存在的问题尤其是突出问题分析、概括不足；对政府职能如何更好地发挥的理论分析深度不够；一些表述尚需要进一步推敲。

根据我国政府与市场关系的现状，今后可以沿着以下两个方面进行拓展研究。第一，中国特色社会主义制度在不断发展完善，党的十九届四中全会对社会主义基本经济制度做了新的概括，学术界对于这一理论问题的研究刚刚起步，特别是将社会主义市场经济体制定位为社会主义基本经济制度，这一理论创新对政府与市场关系会有何种影响有待进一步深入研究；第二，中国共产党的领导是中国特色社会主义最本质的特征。党对政府与市场（企业）的领导，既有宏观层面的政策方面的指导，也有体制机制方面。特别是对国企来说，党委必须在公司治理机构中发挥领导作用，这方面的研究还有待进一步深入。

第一章　马克思主义经典作家关于
政府和市场的理论

从我国社会主义市场经济的发展来看，要处理好政府与市场关系问题，首先要对社会主义条件下的商品生产和商品交换有正确的认识。如果认为商品生产和商品交换在社会主义条件下是不存在的，或者仅存在于狭窄的范围内，探讨政府与市场关系也就失去了意义。因此，要研究社会主义市场经济条件下的政府与市场关系，有必要对马克思主义经典作家关于商品生产和商品交换的理论进行梳理和回顾，一方面可以使我们对在社会主义条件下发展市场经济的重要意义有更加深刻的认识，同时也能够了解他们对于发展市场经济对社会主义制度所带来影响的看法。有了两方面的认识，也就可以避免或减少在社会主义市场经济条件下处理政府与市场关系时犯左或右的错误。

马克思主义经典作家在不同历史条件下，针对政府与市场关系进行了相关研究，这些研究的侧重点有所差异。对于生活在自由资本主义阶段的马克思和恩格斯而言，他们主要研究了资本主义制度下的市场、市场机制以及市场经济运行等问题，揭示了市场经济的内在矛盾和历史局限性，并对未来社会的经济制度和经济发展问题作了科学的预测。列宁、斯大林和毛泽东则聚焦社会主义制度条件下的政府和市场，针对二者关系的理论和实践进行了系统研究。

第一节　马克思、恩格斯关于政府和市场的理论

在马克思和恩格斯所处的年代，尽管市场经济已经以其自由放任的形式有了充分的发展，但在经济学研究中还没有出现"市场经济"这一概念。在资本主义经济关系的总体框架下，马克思和恩格斯对市场、市场机制以及市场经济运行等问题进行了深入探讨，科学地揭示了作为人类社会经济发展形式的商品经济的基本规律、特殊规律和一般规律。

马克思经济理论中包含着丰富的市场经济思想，市场、市场关系问题是马克思政治经济学理论研究中的重要论题①，在批判资本主义市场经济、揭示其内在矛盾和历史局限性的前提下，为构建新社会提供理论指南。马克思和恩格斯对资本主义商品经济矛盾及其发展趋势的论述、市场经济发展的一般规律和特殊规律的论述、有关国家经济职能的理论，对当前社会主义市场经济条件下的政府与市场关系研究有着重大的科学意义。

一　马克思、恩格斯关于市场和市场制度的理论

（一）从时间和空间的统一中，界定了市场范畴的基本内涵

在《1857—1858 年经济学手稿》中，马克思研究了资本主义经济运行中的市场结构。马克思认为，可以按照不同标准，对现实经济生活中的具体形态的市场进行划分（交易对象、交易范围）。"采取总体形态"的市场，以交易对象作为划分标准，可以划分为货币市场、商品市场和劳动力市场；以商品交易的范围作为划分标准，可以划分为国内市场和国际市场。

在马克思看来，市场和流通领域是有着相同涵义的范畴。"流通

---

① 顾海良、张雷声：《从马克思到社会主义市场经济》，北京出版社 2001 年版，第24 页。

在空间和时间中进行。"① 因此，需要从空间和时间的统一中认识市场。从空间的角度，广义的空间市场，就是指商品的流通领域。这实际上是一种抽象的规定性，"是流通领域本身的总表现"②，其主体包括商品所有者和货币所有者。狭义的空间市场，指的是商品交换的场所或地点。从时间的角度，市场是指商品的流通阶段。马克思指出，为了能够买到这些商品，它们就必须以商品的形式在市场上存在，市场在这里是指这样一个中间阶段，即生产已经结束、消费尚未开始之间的阶段，也就是流通阶段。

（三）对资本主义商品经济中市场机制的探讨

马克思研究了资本主义经济关系下的市场机制——供求机制、价格机制、竞争机制、风险机制、工资机制、利率机制等的运行机理和作用，对在社会主义市场经济条件下有效发挥这些机制的作用提供借鉴。

马克思提出了许多关于社会生产发展规律的重要理论，这些理论与包括社会主义在内的一切社会都是适用的，比如人类首要的经济规律是劳动时间的节约，关于社会劳动按比例分配，关于社会再生产两大部类的划分及其相互关系的理论等。对于价值规律、供求规律、货币流通规律、市场竞争规律等商品经济和市场经济的一般规律，以及资本积累、循环周转、成本价格、平均利润等范畴和规律，马克思也都进行了深入研究，对于发展社会主义市场经济、处理好政府与市场关系提供了科学的理论指导。

此外，马克思和恩格斯分析了简单商品经济相对于自然经济的优越性、资本主义商品经济相对于简单商品经济的优越性，以及简单商品经济和资本主义商品经济的弊端。他们通过分析所得出的相关理论，为完善社会主义市场经济、实现对资本主义市场经济的超越提供了指导和借鉴。

---

① 《马克思恩格斯全集》第 30 卷，人民出版社 1995 年版，第 532 页。
② 《马克思恩格斯全集》第 38 卷，人民出版社 2019 年版，第 223 页。

二　马克思、恩格斯关于经济危机的理论

马克思并没有对经济危机做过系统论述，有关危机问题的观点散见于他各个时期的著作之中。通过对资本主义生产方式内部矛盾冲突的分析，揭示了危机的必然性、原因、表现形式和作用后果。

在《共产党宣言》中，马克思和恩格斯以生产力与生产关系之间的矛盾冲突及其暂时解决为主线，最早对经济危机作了很多论述。他们把资产阶级社会比喻成一个巫师，它已经无法控制自己召唤出来的神秘力量——巨大的生产力。马克思和恩格斯指出，资产阶级用于解决危机的办法——强制摧毁巨大的生产力、开拓新的市场、加重对工人的剥削，会导致范围更广和破坏力更大的新危机，同时也会使得各种防止危机的手段相继失灵。

马克思在19世纪40年代后半期探讨了资本主义经济危机的必然性和周期性问题。他描述了资本主义再生产所呈现的"繁荣、衰退、危机、停滞、新的繁荣等等周而复始的更替"①的运动过程，认为资本主义的生产获得了巨大增长，超过了其本身生产关系的容纳能力，生产力进一步发展被资产阶级的关系所阻碍，进而导致经济危机。

在《1857—1858年经济学手稿》中，马克思发展了经济危机理论。他分析了货币关系和资本关系，揭示了经济危机的可能性和现实性问题，"只是在那种取得典型发展的、与自身概念相符合的流通的各种基本条件已经存在的地方，才有可能成为现实"②，揭示了资本主义经济危机的根源及其必然性。

19世纪60年代初，在"政治经济学批判"手稿中，马克思批判了资产阶级政治经济学的危机理论，认为应当从资本主义生产的条件和历史发展，即"要就危机来自作为资本的资本所特有的，而不是仅

---

① 《马克思恩格斯全集》第4卷，人民出版社1958年版，第109页。
② 《马克思恩格斯全集》第46卷（上册），人民出版社1979年版，第147页。

仅在资本作为商品和货币的存在中包含的资本的各种形式规定"①，来分析危机如何从潜在可能向现实转化。

马克思在《资本论》第三卷中，通过揭示资本主义经济运动中的积累规律、利润率趋向下降规律，深入阐述了资本主义经济危机的根源及其对资本主义运动历史趋势的影响。马克思提到，危机最根本的原因，"总不外乎群众的贫困和他们的有限的消费"②。

马克思对市场经济的自发性和无序性等弊端的批判、对经济危机的制度性特征的深刻剖析，对于在社会主义市场经济条件下弥补市场失灵、正确处理政府与市场关系具有借鉴意义。要避免经济危机，必须发挥社会主义制度优势，通过不断完善生产关系促进生产力发展，同时应保证与广大人民公平分享经济发展成果。

三　马克思、恩格斯关于社会劳动的计划调节和市场调节的理论

马克思和恩格斯以唯物史观为指导，通过对资本主义生产方式内在矛盾、运动规律的批判分析，揭示了社会主义不同于资本主义的最一般的规定性，反对对未来社会做详细的预测。从他们对于未来社会的经济制度和经济发展问题的论述中可以看出，未来社会一个重要特征是：社会占有全部生产资料，消灭商品和货币关系，消灭商品生产，对全部生产实行有计划的调节，最终结束产品对人的统治的历史，结束商品拜物教统治人们的历史。这一关于商品货币和市场消亡的理论，反映了马克思和恩格斯对于市场机制缺陷以及计划调节的必要性和积极作用之深刻而敏锐的洞察。

虽然未来的共产主义社会不存在商品货币关系是马克思和恩格斯的一个基本观点，但他们同时也指出，在资本主义生产方式被消灭后的社会生产中，在社会劳动按比例分配、劳动时间的节约和核算将成

---

① 《马克思恩格斯全集》第 26 卷（第二册），人民出版社 1973 年版，第 585 页。
② 《马克思恩格斯全集》第 25 卷，人民出版社 1974 年版，第 548 页。

为首要的经济规律的意义上，价值决定仍然起着支配作用。[①] 马克思和恩格斯认为，以机器大工业为基础的社会化大生产与生产资料私人占有之间存在根本矛盾，只能通过生产资料的社会占有和社会对生产过程直接的有计划调节来解决。马克思在《1857—1858 年经济学手稿》中，提出了未来社会首要的经济规律是有计划地分配社会劳动时间，强调了时间节约规律在未来社会经济运行中的重要性，突出了劳动时间在不同生产部门之间进行有计划分配的内在规定性。在马克思看来，对于不同的社会生产形式而言，虽然表现方式有可能改变，但均有必要按一定比例分配社会劳动。

马克思和恩格斯科学预测了未来社会的经济特征，他们的预测具有一定的前提条件。我国处于社会主义初级阶段，尚不具备实现马克思和恩格斯所做预测的一些条件，但是这种预测仍然为我国的经济建设满足其所需要的条件指明了方向。马克思和恩格斯对未来社会的经济特征作了科学的历史的预测，揭示了社会主义不同于资本主义的最一般的规定性，他们的预测是方向性的。之所以会出现实践与理论之间的矛盾，主要问题不在于马克思主义理论本身，而在于社会主义现实经济条件与马克思的设想之间存在巨大差异。

马克思认为，社会劳动的市场调节和计划调节都是经济运行的一定形式，后者所存在的社会制度将取代前者所存在的社会制度，但是并没有完全否定这两种调节方式兼容的可能性。因为市场调节方式和计划调节方式都是以社会化大生产为基础，所调节对象相同，所要实现的根本目标一致。[②] 因此，在社会主义市场经济条件下，既要发挥市场在资源配置中的决定性作用，也不应忽视计划手段对于资源配置的重要作用。

---

① 张宇：《中国特色社会主义政治经济学》，中国人民大学出版社 2016 年版，第 10 页。
② 顾海良：《马克思经济思想的当代视界》，经济科学出版社 2005 年版，第 361—363 页。

四　马克思、恩格斯关于政府的理论

马克思、恩格斯关于政府理论的基本原理，对我国行政体制改革和政府职能转变，以及处理政府与市场关系具有重要的价值和指导意义，包括以下几个方面：

第一，关于政府阶级性的理论。

所有政府都具有自身的阶级性，体现为维护社会中统治阶级的特殊利益。马克思认为，在资本主义社会，国家与市民社会之间的对立不但不会消失，反而会固定下来。国家的政治性质由社会经济基础的性质所决定，其作用形式与职能随着社会经济关系的变化而变化。马克思明确指出，随着现代工业发展，资产阶级的国家政权"在性质上也越来越变成了资本借以压迫劳动的全国政权，变成了为进行社会奴役而组织起来的社会力量，变成了阶级专制的机器"[①]。马克思的上述论断虽然是针对资产阶级国家而言的，但对于社会主义市场经济条件下的政府作用仍然具有现实意义。社会主义市场经济允许多种所有制经济共同发展，市场机制作用下，资本在和劳动的博弈中处于优势地位。社会主义的人民政府应当驾驭资本，避免出现资本压迫劳动的现象。

政府的阶级性是一种本质的存在，其阶级性会随着生产力的发展、文明的进步而弱化，最终随着国家的消亡而消亡。而在当今世界，无论社会主义国家还是资本主义国家，其政府均具有阶级属性。与资本主义国家不同，社会主义国家的政府代表最广大人民群众的根本利益，具有组织和管理国民经济的职能。认识和处理政府与市场关系，不能抛开政府的阶级属性。

第二，关于廉价政府的理论。

马克思和恩格斯在总结巴黎公社经验时，充分肯定了其降低政府成本、建立廉价政府的思想。马克思认为巴黎公社"实现了所有

[①]　《马克思恩格斯选集》第 3 卷，人民出版社 2012 年版，第 96 页。

资产阶级革命都提出的廉价政府这一口号"①，"实质上是工人阶级的政府"②。对于如何实现廉价政府，马克思认为，除了把政府官员从人民的主人变为人民的公仆外，还应当通过精简机构、缩小规模等方式减少政府开支。马克思还主张新政府应当实行普选制、监督制、低薪制，"旧的中央集权政府"应"让位给生产者的自治机关"。

尽管现实中的社会主义国家事实上不可能按照巴黎公社的办法来组织政权，但是建立廉价政府的思想应该是社会主义国家的一个基本原则和方向。我国政府机构多年来也存在机构臃肿导致成本较高的突出问题，在激烈的市场经济条件下，建立廉价而高效的政府具有重要意义。

第三，关于政府是"祸害"的理论。

马克思和恩格斯认为，国家和政府都是一种祸害，是必要的存在，无法避免，人们只有尽最大可能避免祸害的扩大。无产阶级专政的国家与政府也不能避免祸害的存在，但是可以尽量除去这个祸害的最坏方面，并使之向着有利于自我消亡的方向发展。正如恩格斯所说，无产阶级在战胜资产阶级以后，也会继承国家这一"祸害"，也必须尽最大努力革除其最坏方面。

如果权力没有得到有效制约，政府就有可能侵犯人民利益。在实践中，即便是为了人民利益，也有可能因为缺乏经验、程序和组织不健全等原因而使人民利益受损。在社会主义市场经济条件下，政府发挥着重要作用，应当尽量除去上述这些"祸害"，维护人民利益。

第二节　苏联早期关于社会主义社会商品生产和商品交换的理论

在马克思和恩格斯关于经济文化落后国家社会主义发展道路的理

---

① 《马克思恩格斯选集》第3卷，人民出版社2012年版，第101页。
② 《马克思恩格斯选集》第3卷，人民出版社2012年版，第102页。

论探讨，以及他们关于未来社会经济制度特征的理论构想的基础上，列宁分析了帝国主义时代的新特征和俄国经济社会发展的现实，对如何处理好社会主义与市场的关系、利用商品货币关系发展经济等问题进行了探索。

一　战时共产主义时期及新经济政策时期的商品生产和商品交换的理论

（一）战时共产主义时期：完全排斥商品货币关系和市场

列宁在基本理论上认为商品货币关系与社会主义制度是不相容的。1906 年，他发表了《土地问题和争取自由的斗争》一文，认为市场经济必然带来不平等和剥削，并将市场经济和计划经济对立起来，指出"只有建立起大规模的社会化的计划经济……才可能消灭一切剥削"[①]。他在写于 1917 年 8、9 月间的《国家与革命》一书中提出，在共产主义社会的"第一"阶段，"生产资料已经不是个人的私有财产。它们已归全社会所有"[②]，整个社会变成一座大工厂，全体公民都变成这座工厂的雇员，平等劳动、平等获得报酬。既然生产资料已归整个社会所有，整个社会成为一个大工厂，全体公民都成为这家大工厂的雇员，商品关系的消亡显而易见。为了建立社会主义制度，列宁认为在实践中应当把取消商品货币和市场机制作为基本任务。早在十月革命胜利之初，在列宁起草的《关于实行银行国有化及其必要措施的法令草案》中，就制定了一系列旨在消灭市场经济和商品货币关系的措施。

从 1918 年下半年起，俄国遭到了帝国主义国家的武装侵略和残酷的经济封锁，国内也出现了大规模的反革命叛乱。为适应战争需要和粉碎外国武装干涉，苏俄政府开始实施战时共产主义政策。农业方面，在全国各地实行余粮收集制。按照国家需要，硬性规定数字，摊

---

① 《列宁全集》第 13 卷，人民出版社 2017 年版，第 124 页。
② 《列宁选集》第 3 卷，人民出版社 2012 年版，第 194 页。

派给基层，按固定价格强制征收。工业方面，将大中型企业全部收归国有，实行国有化。商业领域，禁止私人贸易，取消私人商业网点，实行商业国有化。国家掌握了全部农产品的采购、商品的分配和居民的供应工作，几乎一切商品的自由贸易都被禁止。在战时共产主义条件下，经济生活逐步走向实物化，货币失去了经济意义。

虽然战时共产主义政策是迫于战争的严峻形势所不得不采取的政策，从本质上说，还是同列宁对社会主义社会不应存在市场经济的认识有关。[1]

（二）新经济政策时期：全面恢复商品生产和商品交换

凭借国家强制力量消灭商品生产和商品交换、由国家调节全部生产和消费的战时共产主义在战争结束以后遭到了严重的挫折，给苏俄国民经济发展造成了巨大困难。列宁认为，战时共产主义政策已经成为"我们在 1921 年春天遭到严重的经济危机和政治危机的主要原因"[2]。从 1921 年起，苏俄开始实行新经济政策，其实质就是放弃国家对生产和分配的直接调节，全面恢复商品生产和商品交换。

在新经济政策实施过程中，列宁关于商品货币关系和市场机制的理论也随之发生了变化。在政策实施早期，列宁认为，为了恢复和农民之间的联系、避免脱离农民的危险，应当退到采用国家资本主义的经营手段、经营方式和经营方法，通过这样一种形式，实现国营、国家资本主义企业与农民之间的商品交换。1921 年 10 月以后，在总结前期经验的基础上，列宁认为，随着商品交换的扩大，必须继续后退，"从国家资本主义转到由国家调节买卖和货币流通"[3]，在国家调节范围内，全面恢复商品货币关系。

从试图取消商品货币关系到全面恢复商品货币关系，列宁实际上承认了在社会主义社会，仍然有必要利用商品货币关系建设社会主

---

[1]　杨玉生：《社会主义市场经济理论史》，山东人民出版社 1999 年版，第 10 页。
[2]　《列宁专题文集·论社会主义》，人民出版社 2009 年版，第 253 页。
[3]　《列宁全集》第 42 卷，人民出版社 2017 年版，第 239 页。

义。他提出社会主义国家必须学会经商:"当前,在我们所谈的这个活动领域里,这样的环节就是在国家的正确调节(引导)下活跃国内商业"①,必须紧紧抓住这一环节。他还批评了那些带有纯感情色彩的对商品自由买卖的厌恶情绪,认为有必要利用各种过渡经济形式,从而活跃国民经济、振兴工业。

列宁根据俄国的具体历史条件,在把社会主义从理论变为现实的实践中,对生产资料公有制与商品关系的结合问题进行了初步探索,丰富和发展了马克思、恩格斯关于无产阶级取得政权后如何对待商品生产和商品交换问题的理论。

二 社会主义制度下的商品生产和商品交换理论

列宁逝世后,斯大林开始领导苏联社会主义建设。他探索了社会主义经济发展中的一些问题,形成了社会主义制度下商品生产和商品交换的理论,对于研究社会主义市场经济条件下的政府与市场关系具有借鉴意义。

(一)社会主义制度下商品生产和商品交换存在的必要性

1924 年列宁逝世后,在苏联社会主义建设过程中,是否继续执行新经济政策成为关键问题。理论上,斯大林肯定了新经济政策。实践上,斯大林致力于全面推进工业化和农业集体化。一方面集中力量发展重工业,另一方面限制、排挤经济中的资本主义成分。在这一过程中,实际上对国民经济实行高度集中的计划管理,排斥市场机制。这些做法,实际上标志着新经济政策的结束。

1936 年 11 月,斯大林在关于苏联宪法草案的报告中宣布苏联已处于新经济政策结束的时期,已经基本上实现了社会主义,建立了社会主义制度。生产资料公有制占统治地位以后,是否还有必要保留商品生产的问题,引起了苏联经济理论界的争论。在这一问题上,斯大林认为,在公有制全面确立以后,只要还存在着两种公有制,即全民

---

① 《列宁选集》第 4 卷,人民出版社 2012 年版,第 614 页。

所有制和集体所有制，商品关系就必然存在。产品虽然已不是在私有制条件下生产出来的，但由于两种不同所有制的存在而仍然属于不同的所有者，也就决定了产品只能作为商品实行等价交换。

在说明从资本主义向社会主义过渡的过程中必须利用商品交换时，列宁主要是用存在着小农经济来论证的。至于在小农经济全部合作化、全社会建立了生产资料公有制后，是否还有必要保留商品货币关系的问题，列宁并没有明确回答。① 斯大林实际上是用所有制关系的不同来说明商品交换存在的根据，否定了社会主义与商品货币关系不相融的观点，推进了苏联商品经济关系的发展。

斯大林关于社会主义制度下商品生产的理论也有一定的局限性。其一，他认为，在社会主义制度下，只有个人消费品的生产才属于商品生产，并且坚决否认生产资料属于商品。其二，斯大林虽然承认在社会主义制度下，价值规律是不以人们意志为转移的客观规律，但同时认为，苏联应严格限制价值规律发生作用的范围。只是在个人消费品的商品交换这一领域内、在一定范围内，价值规律保持着调节者的作用，但不能对社会主义生产进行调节。国民经济有计划发展规律，以及反映这一规律要求的国家计划工作和国家整个的经济政策，调节着社会主义的生产。②

（二）商品生产可以为社会主义建设服务

斯大林首先明确断定把商品生产一般等同于资本主义生产是错误的。其次，斯大林认为在社会主义条件下发展商品经济不会引向资本主义。在斯大林看来，从商品生产的发展到产生资本主义，必须具备一定的条件，即出现"资本家剥削雇佣工人的制度"③，也就是说，商品生产不是在任何时候，也不是在任何条件下都会引导到资本主义。最后，斯大林认为商品生产不能独立存在，需要具备一定的经济

---

① 胡钧：《中国社会主义市场经济研究》，山东人民出版社1999年版，第99页。
② 《斯大林文集（1934—1952）》，人民出版社1985年版，第611—613页。
③ 《斯大林选集》（下卷），人民出版社1979年版，第549页。

条件。苏联的商品生产具有特殊性，原因在于从事商品生产的主要是"联合起来的社会主义生产者"①，这样的商品生产也就不可能导向资本主义。

斯大林关于社会主义制度下商品生产和商品交换的理论既具有科学的方面，即为以后解决社会主义公有制与商品经济、市场经济之间内在联系的问题作出了贡献，具有重要的理论和实践意义；另一方面，他的理论也具有一定的局限性，对苏联的经济建设带来了负面影响。否认生产资料是商品，只是产品分配的对象，国有企业严格按照国家计划投入生产，没有供销经营和生产创新的自主权，生产经营自主性被严重压抑，生产的产品在国际市场上没有竞争力。否认价值规律对生产的调节作用，强调有计划发展规律和国家计划是社会主义生产的唯一调节者，用行政命令统一管理国民经济，形成高度集中的僵化的计划管理体制。否认价值规律对生产的调节作用，价格制定不以社会必要劳动时间为依据，从而造成价格与价值的严重背离。

第三节　改革开放以前我国关于社会主义商品生产和价值规律的理论

随着三大改造的完成和社会主义经济制度的确立，如何处理好社会主义与市场的关系，成了社会主义经济建设中一个非常重要的问题。毛泽东针对社会主义与发展商品生产、发挥价值规律作用等问题，作了深入探讨。

一　社会主义与商品生产的理论

对于社会主义社会为什么会存在商品生产的问题，毛泽东也认为根据在于两种公有制形式的并存，但同时提出了自己的思考，作了进

---

① 《斯大林文集（1934—1952）》，人民出版社1985年版，第609页。

一步阐述。他提出，除了从所有制的角度以外，还要从社会生产力的角度看待商品生产的发展，"但商品生产的命运，最终和社会生产力的水平有密切关系"①。

毛泽东十分重视商品经济在社会主义经济建设中的重要作用，批评了鼓吹消灭商品生产的错误观念。在毛泽东看来，当时阶段的社会主义，还有必要利用商品生产、发挥商品生产的积极作用，巩固工农联盟，鼓吹消灭商品生产的观点违背了客观规律。

针对当时存在的害怕商品生产的思想障碍，毛泽东认为不但不能害怕，还要大力发展社会主义的商品生产。他首先区分了我国当时情况下的商品生产和资本主义商品生产，认为二者的本质差别在于：生产资料的全民所有制、国家和人民公社在商品生产和商品流通中占统治地位。在此基础上，他认为之所以我国当时情况下的商品生产不会导向资本主义，是由于具备了党的领导、马克思列宁主义路线、无产阶级专政等有利条件。此外，毛泽东还阐述了利用商品生产这一有利工具的目的，"我们发展商品生产不是为了利润，而是为了满足社会需要，为了五亿农民，为了巩固工农联盟，为了引导五亿农民从集体所有制过渡到全民所有制"②。

毛泽东对社会主义商品生产不会导向资本主义基本条件的分析，对我们在社会主义市场经济条件下抑制市场经济的消极影响、引导市场经济满足社会主义的生产目的，以及保证市场经济的社会主义方向有着重要的现实意义。

二 价值规律在社会主义社会中的作用

面对"共产风""一平二调"给国家财富造成的巨大浪费和破坏，毛泽东深切感受到价值规律的客观性，并给予价值规律以很高的

---

① 《毛泽东读社会主义政治经济学批注和谈话》（清样本）上册，中华人民共和国国史学会，1998 年，第 58 页。
② 《毛泽东读社会主义政治经济学批注和谈话》（清样本）上册，中华人民共和国国史学会，1998 年，第 51—52 页。

评价。他将价值规律比作"伟大的学校"①，认为只有利用这一法则，才能建设社会主义和共产主义。

虽然对价值规律给予了很高评价，但毛泽东同时认为价值规律并不发挥决定性的调节作用，起决定作用的是国民经济计划，也就是以计划体制为标准来规定价值规律发生作用的范围。在当时的条件下，应当通过计划调节主要农产品的生产，钢铁等重工业产品的生产则完全由国家计划来安排。毛泽东实际上同意了斯大林提出的观点，即认为在社会主义条件下，价值规律"不会起生产调节者的作用"，把价值规律的作用与经济核算相联系，仅仅把价值规律看作一种核算工具。

只看到价值规律作为经济核算工具的作用，而否定其作为生产调节者的作用，实际上就等于否定了价值关系和价值规律本身。因此，虽然一再强调价值规律是一个"伟大的学校"，而实际上并没有发挥其应有的作用。

总之，马克思和恩格斯以唯物史观为指导，在对资本主义生产方式内在矛盾和运动规律批判分析基础之上，认为在未来社会，在社会占有全部生产资料的基础上，商品货币关系将会消亡。这一对未来社会特征的科学预测有其理论前提，并不能等同于现存的社会主义社会，商品交换和市场调节的消除要经历一个长期的过程。

社会主义革命首先在俄国取得胜利，在建设社会主义的过程中应该如何对待商品货币关系成了一个现实问题。列宁在复杂形势下，对商品货币关系和社会主义的关系进行了艰苦的探索。从试图取消商品货币关系到全面恢复商品货币关系，列宁实际上承认了利用商品货币关系建设社会主义的必要性，用存在着小农经济论证了从资本主义向社会主义过渡的过程中必须利用商品交换。斯大林用所有制关系的不同来说明商品交换存在的根据，回答了在小农经济全部合作化、全社会建立了生产资料公有制后，是否还有必要保留

---

① 《毛泽东文集》第8卷，人民出版社1999年版，第34页。

商品货币关系的问题，否定了社会主义与商品货币关系不相融的观点，推进了苏联商品经济关系的较大发展。毛泽东也认为社会主义社会存在商品生产的根据在于两种公有制形式并存，但同时提出除了从所有制的角度以外，还要从社会生产力的角度看待商品生产的发展。

马克思主义经典作家关于社会主义与商品经济的理论，特别是斯大林和毛泽东在建设社会主义过程中对如何更好利用商品生产、发挥价值规律作用的理论探索，虽然在当今看来具有相当的局限性，并且由于多种原因并未付诸实践。但在当时的条件下，人们普遍认为发展商品生产会导向资本主义，因此必须立即消灭商品经济和价值规律，他们作为国家领导人的理论观点在实践上有利于发展社会生产力、推动社会主义建设，并且为社会主义的经济体制改革做了必要的理论准备。

第二章　改革开放以来我国处理政府与市场关系的理论与实践

政府和市场都是社会历史的范畴，伴随社会生产力、生产关系和上层建筑的发展而变化。影响政府与市场关系的具体因素很多，不同的国家在不同的历史时期所面临的经济情况不同，所奉行的经济政策也因之而存在差别，政府与市场关系也存在较大差异。不能脱离开一定的历史条件抽象地讨论政府与市场关系，处理二者关系也没有一个普遍适用的最优模式。正确认识社会主义市场经济中政府与市场关系，必须从中国的实际出发。

第一节　改革开放以来我国政府与市场关系演变

1978 年以前，中国实行的是高度集中的计划经济体制，计划占绝对优势，公有制占绝对优势。因此，根本谈不上市场化问题，即使偶有个别的市场行为，也只是一种原则的例外。可以说，改革前的中国是一个典型的非市场化国家。① 党的十一届三中全会真正开启了我国迈向市场经济改革的伟大实践，也是我国系统科学地处理政府与市场关系的开端。

---

① 常修泽、高明华：《中国国民经济市场化的推进进程及发展思路》，《经济研究》1998 年第 11 期。

一　我国关于社会主义市场经济的理论创新

毛泽东在商品经济和价值规律问题上所作的宝贵探索，由于多种原因，未能付诸实践。改革开放以前，在社会主义与计划经济的关系上，我国普遍认为计划经济是社会主义的本质特征。社会主义经济体制的改革，首先必须突破生产资料不是商品、社会主义经济不是商品经济这一传统观念。邓小平关于社会主义市场经济的理论，为中国社会主义市场经济体制的建立和发展，作出了具有历史性意义的理论贡献。

传统上，马克思主义经济学和西方经济学都认为，市场经济与资本主义相联系，与社会主义相对立。要确立社会主义市场经济体制这一目标模式，首先必须突破传统理论的束缚，将市场经济这一具有体制性规定的抽象范畴与资本主义私有制区别开来。

早在我国经济体制改革的大幕初起之时，邓小平就强调了要从"方法"的角度搞清楚市场经济和不同社会制度之间的关系。他认为必须要搞清楚两个相互联系的问题：首先，从"方法"的意义上来看，市场经济是经营管理和发展社会生产力的方法，无论对于资本主义制度还是社会主义制度，基本上是"相似"的；其次，从所有制关系上看，存在于社会主义制度中的市场经济与存在于资本主义制度中的市场经济又是有区别的。社会主义市场经济中存在着全民所有制之间的关系、集体所有制之间的关系等，这些关系"归根到底是社会主义的"① 所有制关系。在总结 20 世纪 80 年代我国经济体制改革实践经验的基础上，邓小平在之后的 90 年代，特别是 1992 年的南方谈话中，进一步明确了市场经济的体制性规定。他指出："计划多一点还是市场多一点，不是社会主义与资本主义的本质区别。……市场经济不等于资本主义，社会主义也有市场。"② 把市场经济作为体制性范畴，就从根本上破除了把市场经济同资本主义画等号的传统观念。

---

① 《邓小平文选》第 2 卷，人民出版社 1994 年版，第 236 页。
② 《邓小平文选》第 3 卷，人民出版社 1993 年版，第 373 页。

邓小平将马克思主义经济学基本原理与我国具体实际相结合，为我国经济体制改革目标模式的确立奠定了理论基础。

二　政府主导，逐步引入市场机制（1978—1992 年）

从 1982 年党的十二大提出"计划经济为主、市场调节为辅"到 1984 年《中共中央关于经济体制改革的决定》确定社会主义经济是"在公有制基础上的有计划的商品经济"①，再到 1987 年党的十三大报告提出新的经济运行机制，总体上说应当是"国家调节市场，市场引导企业"，在党的理论探索和创新引领下，政府放权，逐步引入市场机制，市场的地位和作用不断提升，经济体制改革的目标也逐渐明晰。

从 1978 年到 1992 年，我国开始了从高度集中的计划经济体制向社会主义市场经济体制的转变，即从单一的计划调节到充分发挥市场调节的作用；管理经济方法从由主要依靠行政办法转向主要依靠经济办法。政府逐步减少对自由市场的限制，突破了社会主义制度与商品经济不相容的传统观点，在经济运行机制上突破了计划与市场区分调节的管理模式，摆脱了计划经济的框架，进而在思想上打破了"姓社姓资"的传统认识框架。

（一）市场体系发展

国有企业改革按照所有权与经营权分离的原则开始推进，价格改革依据"调放结合"的原则展开，生产要素开始被纳入市场体系建设，计划管理特别是指令性计划管理的范围进一步缩小。

经济总体市场化水平在改革开放以后迅速提高，从 1975 年到 1979 年的平均市场化水平为 4.4%，从 1989 年到 1991 年的平均市场化水平已经达到了 35.7%，人均国民收入年平均增长率也从前一个时期的 4.5% 提高到 5.4%。②

---

① 《十二大以来重要文献选编》（中），人民出版社 1986 年版，第 568 页。

② 陈宗胜、吴浙、谢思全等：《中国经济体制市场化进程研究》，上海人民出版社 1999 年版，第 49 页。

随着以公有制为主体的多种所有制经济的初步发展和宏观经济管理体制改革的起步，市场体系也开始发展起来。产品市场迅速增长，社会消费品零售总额由 1978 年的 1558.6 亿元增加到 1992 年的 10993.7 亿元；社会生产资料销售总额由 1980 年的 2826 亿元增长到 1992 年的 14769 亿元，改变了原有的市场供应短缺局面。

（二）政府机构改革和职能转变

政府改革从这一时期起步，并逐步发展和深化，在理论认识上突出了政府职能的转变，并且以职能转变为中心统率经济管理系统各方面的改革。实证研究显示，这一时期，我国政府行为方式适应市场化程度几乎是持续提高的，从 1981 年的 5.4% 迅速提升至 1991 年的 64.6%。[①]

从 1979 年起，中国政府对经济管理系统进行改革，主要沿着三个方向进行。第一，简政放权，扩大企业自主权，进而实现政企分开；第二，改变管理经济的方式，从用行政命令直接控制转向运用经济杠杆调节；第三，进行包括中央政府、地方政府以及基层政府和事业基层单位的机构改革。在改革过程中，政府行为也逐步沿着适应市场化的方向发展，主要体现在三个方面：一是从所有者身份与社会管理者身份的合一到两者的分离，并且主要以社会管理者身份活动，寻找二者职能最有效率的组合；二是由直接参与微观经济活动向以宏观调控为主转变；三是从对经济进行直接行政控制到间接调控。

相关的测度和分析显示，自改革开放到 20 世纪末，我国政府行为方式对经济市场化的适应程度几乎是持续提高的，与我国经济市场化进程的总体趋势基本保持一致。[②]

---

① 陈宗胜、吴浙、谢思全等：《中国经济体制市场化进程研究》，上海人民出版社 1999 年版，第 104 页。

② 陈宗胜、吴浙、谢思全等：《中国经济体制市场化进程研究》，上海人民出版社 1999 年版，第 106 页。

三 发挥政府宏观调控作用与强化市场配置资源的基础性作用 (1992—2013 年)

经过十多年的改革开放，市场对经济活动的调节作用显著增强。为了推动理论研究和改革实践继续向前发展，针对传统上把计划经济看作社会主义制度的本质特征以及把商品经济、市场经济等同于资本主义的偏颇观点，邓小平 1992 年的南方谈话明确指出"计划和市场都是经济手段"，把计划经济和市场经济看作是社会基本制度范畴的错误思想得以彻底破除，使全党在计划与市场关系问题的认识上有了新的重大突破，为确定经济体制改革的目标打下了坚实的理论基础。

随后，1992 年召开的党的十四大正式决定"我国经济体制改革的目标是建立社会主义市场经济体制"，并将社会主义市场经济体制界定为"使市场在社会主义国家宏观调控下对资源配置起基础性作用"。党的十四届三中全会把经济体制改革的目标和基本原则具体化，提出要建立全国统一开放的市场体系。1997 年，党的十五大报告提出，加快国民经济市场化进程，健全宏观调控体系，进一步发挥市场对资源配置的基础性作用。

进入 21 世纪后，随着我国成功加入 WTO，国内经济与全球市场经济体系迅速融合，有力地提升了市场在我国资源配置中的地位和作用。2002 年党的十六大提出，要到 2020 年建成完善的社会主义市场经济体制，强调"在更大程度上发挥市场在资源配置中的基础性作用"[1]。

2003 年召开的中共十六届三中全会，首次提出了科学发展观，提出了按照"五个统筹"[2] 的要求，更大程度地发挥市场在资源配置中的基础性作用。这也是针对 21 世纪以来中国在城乡、区域、经济社会、人与自然（资源环境）、国内国外市场等方面不均衡发展状况

---

① 《十六大以来重要文献选编》（上），中央文献出版社 2005 年版，第 20 页。
② "五个统筹"即统筹城乡发展、统筹区域发展、统筹经济社会发展、统筹人与自然和谐发展、统筹国内发展和对外开放。

提出来的。

随着我国经济体制改革的深入发展，市场在资源配置中的基础性作用也在不断强化，但是制度化保障还不完善，市场的作用没有得到充分发挥。要最大程度发挥市场在资源配置中的作用，不仅需要完善的体制，更需要系统化的制度。① 从党的十七大报告强调要"从制度上更好发挥市场在资源配置中的基础性作用"②，到党的十八大提出"使各方面制度更加成熟定型"，"更大程度更广范围发挥市场在资源配置中的基础性作用"③，反映了我们更加注重在制度上确保市场作用的充分发挥。

从总体上看，在这一时期内，市场配置资源的基础性作用的重要性得到不断强化，改革从过去主要突破旧体制到创建新体制，从政策调整到制度创新，从单项改革到整个制度安排和制度环境。④ 同时，从党的十四大到党的十八大，都强调要发挥宏观调控的作用。

（一）现代市场体系初步形成

1992 年以后，随着经济改革的推进和经济快速发展，我国市场体系逐步形成并走向成熟。消费品市场和生产要素市场均得到了快速发展，国内市场持续繁荣活跃，消费规模不断扩大，新型流通方式大量涌现，现代市场体系初步形成。

相关研究对我国现代市场体系建设和相关改革推进的历程和成果进行分析总结的基础上，将 2020 年现代市场体系建设目标设定为 100 分，对 1993 年到 2013 年间我国市场体系建设的具体改革分项赋予权重进行打分，得到这一时间段内我国现代市场体系建设和相关改革进展评估分为 66.3 分。研究结果显示，不同领域改革进展具有差异性。其中，劳动力市场进展最快（81.4 分），市场价格体系建设次之

---

① 李祥兴、王先俊：《改革开放以来我国对政府与市场关系认知的嬗变及启示——兼谈对新自由主义思潮及其影响的批判》，《当代中国史研究》2018 年第 4 期。

② 《十七大以来重要文献选编》（上），中央文献出版社 2009 年版，第 17 页。

③ 《十八大以来重要文献选编》（上），中央文献出版社 2014 年版，第 14—15 页。

④ 咸台昇：《中国政党政府与市场》，经济日报出版社 2002 年版，第 101 页。

（66.5 分），接下来是现代金融市场建设（65.2 分）、培育技术市场（63.3 分）和完善现代市场规则（60.7 分），土地要素市场进展最为缓慢（60.6 分）。[①]

特别是从 1992 年社会主义市场经济体制目标确立到 1994 年，平均市场化水平达到了 52.9%，人均国民收入年平均增长速率也达到了 13.1%。这个时期的经济市场化程度提升较快，在一定程度上意味着市场化改革推动了经济的高速增长，改革的力度越大经济发展越快。[②]

（二）政府机构改革持续推进和职能加快转变

适应社会主义市场经济改革的需要，我国持续推进政府机构改革。1993 年，党的十四届三中全会提出"转变政府职能，建立健全宏观经济调控体系"。从 1992 年至 2013 年党的十八届三中全会召开以前，我国共进行了 5 次较大规模的行政管理体系改革，分别是 1993 年、1998 年、2003 年、2008 年和 2013 年，主要围绕转变政府职能、优化政府结构、提高行政效能等主题而展开。

从总体上看，这一时期我国转变政府职能改革的历程呈现出以下几个方面的特征：从以精简机构人员为重点转向以科学配置政府职能为核心；从主导经济社会发展转向注重社会管理；从管制转向服务；从结构调整转向机制建构。[③] 以行政体制改革总体要求落实进展、健全宏观调控体系改革进展、全面正确履行政府职能改革进展、优化政府组织结构改革进展四个方面建立转变政府职能改革进展评价指标体系，基于这一时期的相关改革措施和成效，运用专家打分法进行评价发现：从 1992 年党的十四大至 2013 年党的十八届三中全会之前，我

---

① 国家发改委经济体制与管理研究所课题组：《建立我国经济体制改革监测评价制度研究》，中国财政经济出版社 2016 年版，第 116—124 页。

② 陈宗胜、吴浙、谢思全等：《中国经济体制市场化进程研究》，上海人民出版社 1999 年版，第 49 页。

③ 潘小娟、吕芳：《改革开放以来中国行政体制改革发展的趋势研究》，《国家行政学院学报》2011 年第 5 期。

国转变政府职能改革进展得分为 60.2 分。其中，全面正确履行政府
职能的得分为 57.4 分，是转变政府职能改革的短板。[①]

总的来看，自 1992 年至党的十八届三中全会之前，我国法治政
府建设取得明显进展，法治政府制度体系总体形成，行政程序建设加
快，行政权力运行逐步规范，行政权力监督和行政问责力度明显加
强，政府工作人员依法行政意识和能力不断提高。[②] 此外，我国政府
的公共服务职能在这一时期也显著增强。

这一时期我国宏观调控方式开始由直控型转向间控型，同时政府
退出微观经济活动领域的步伐逐步加大，全面推动体制改革，初步形
成了在中央统一协调下，以财政政策和货币政策等间接手段调控引导
市场活动、弥补市场失灵的宏观调控模式。国家宏观调控的能力在应
对各种风险、挑战的过程中得到提升。1993—1997 年，成功应对了
改革开放以来最严重的通货膨胀；1998—2002 年，成功应对了亚洲
金融危机；2004—2007 年，成功应对了"非典"对经济的负向冲击
和经济过热；2008—2011 年，成功应对了国际金融危机。一系列的
宏观调控实践，保证和促进了我国经济持续健康发展。王绍光教授通
过对比 1953—2008 年中国的 GDP 增长率发现，后 30 年中国经济波
动明显不像前 30 年那么频繁，尤其是 1992 年以后，经济增长曲线更
趋平滑，标志着中国政府的宏观调控经济管理水平大有进步。[③]

四　市场在资源配置中起决定性作用和更好发挥政府作用（2013 年至今）

建立社会主义市场经济体制之后的二十多年，随着实践拓展和认
识深化，我国持续探索政府和市场关系的新的科学定位。虽然社会主
义市场经济体制已经初步建立，并且日渐完善，但仍然存在一些问

　　① 国家发改委经济体制与管理研究所课题组：《建立我国经济体制改革监测评价制度
研究》，中国财政经济出版社 2016 年版，第 145—150 页。
　　② 马凯：《加快建设中国特色社会主义法治政府》，《求是》2012 年第 1 期。
　　③ 王绍光：《国家治理》，中国人民大学出版社 2014 年版，第 211 页。

题，比如市场秩序不规范、生产要素市场发育滞后、竞争不充分等，这些问题的存在制约了市场在资源配置中有效作用的发挥。为了推动完善社会主义市场经济体制，突出经济体制改革对全面深化改革的牵引作用，在政府与市场关系这一改革核心问题上，党的十八届三中全会提出了"使市场在资源配置中起决定性作用和更好发挥政府作用"的重大理论观点。这一对政府和市场关系新的科学定位，标志着社会主义市场经济进入了新的阶段，是习近平新时代中国特色社会主义经济思想的重要内容。

十八届三中全会以前，"在更大程度上""从制度上更好""更大程度更广范围"——这些用于市场配置资源"基础性作用"的限定词，反映了对市场作用认识的量变和程度的加深。而将"基础性作用"修改为"决定性作用"，则是质的提升，是我们党对中国特色社会主义建设规律认识的一个新突破。

对于这一政府和市场关系的新的定位，应当辩证地看待。首先，在资源配置中，市场应当起决定性作用。这是市场经济的一般规律，要健全社会主义市场经济体制就应当遵循这一规律。已经建立起来的社会主义市场经济体制也能够在相当程度上发挥经济稳定器的作用，法律法规体系也日益健全，我们对市场规律的认识和驾驭能力有了很大提高，具备了市场决定资源配置的主客观条件。此外，在配置资源中，"市场起决定性作用，是从总体上讲的……又要更好发挥政府作用。有的领域如国防建设，就是政府起决定性作用"[1]。其次，社会主义市场经济条件下，需要更好发挥政府作用。正如习近平总书记所指出的："科学的宏观调控，有效的政府治理，是发挥社会主义市场经济体制优势的内在要求。"[2] 更好发挥政府作用的前提是保证市场发挥决定性作用，解决好政府错位、缺位、越位的问题。在推进市场

---

① 《习近平关于社会主义经济建设论述摘编》，中央文献出版社 2017 年版，第57—58 页。

② 《习近平关于社会主义经济建设论述摘编》，中央文献出版社 2017 年版，第60—61 页。

化改革方面，政府要减少对资源的直接配置、对微观经济活动的直接干预，同时要加快建设统一开放、竞争有序的市场体系、建立市场公平开放透明的市场规则。为了弥补和克服市场失灵，应当健全宏观调控体系，加强市场监管，加强和优化公共服务，促进社会公平正义和社会稳定，促进共同富裕。最后，在政府和市场关系上，既要讲辩证法、两点论，也要讲重点论，抓主要矛盾。习近平总书记反复强调政府作用和市场作用的有机统一，在二者关系上要讲辩证法、两点论，把两方面的优势都发挥好。习近平总书记指出："改革的重点是解决市场体系不完善、政府干预过多和监管不到位问题。"①

（一）现代市场体系继续完善

伴随着我国整个经济体制改革步伐的加快，以及社会主义现代化建设的持续健康发展，这期间现代市场体系趋于完善。

全面商事制度改革取得了良好成效，微观市场主体特别是新设企业快速增长。国家工商总局统计数据显示，2017年，全国新设市场主体1924.9万户，同比增长16.6%，比上年提高5个百分点；全年新设企业607.4万户，同比增长9.9%；新设个体工商户1289.8万户，增长20.7%，大大超过了2016年5.7%的增速。②

党和政府从多方面推进价格改革并取得新的进展。一批商品和服务价格已陆续放开，中央政府管理的近60项商品和服务价格已放开，全部农产品、绝大多数药品、绝大多数专业技术服务价格都已交由市场定价。一些重要领域，如电力、成品油、天然气、铁路运输等领域，价格市场化程度显著提高。

（二）优化政府机构设置和职能配置

党的十八届三中全会之后，一系列改革密集实施和推进，其中转变政府职能是重中之重，包括创新宏观调控思路和方式、大力简政放

---

① 《习近平关于社会主义经济建设论述摘编》，中央文献出版社2017年版，第66页。
② 《2017年我国日均新设企业1.66万户，创业创新热潮高涨》，http://www.gov.cn/xinwen/2018－01/19/content_ 5258287. htm。

权和深化行政审批制度改革等。

根据 2013 年推进全面深化改革中颁布的《中共中央关于全面深化改革若干重大问题的决定》，加快转变政府职能的总体要求是，"深化行政体制改革，创新行政管理方式，增强政府公信力和执行力，建设法治政府和服务型政府"①；具体改革任务包括健全宏观调控体系、全面正确履行政府职能和优化政府组织结构三个方面的内容。

"放管服"改革持续深化，政府职能加快转变，注重加强宏观调控、市场监管和公共服务。在简政放权的同时，努力做到放管结合、优化服务。从 2013 年到 2018 年，国务院部门行政审批事项削减将近一半，非行政许可审批彻底终结，全面改革工商登记、注册资本等商事制度，企业开办时间缩短三分之一以上。② 我国营商环境在全球的排名从 2017 年的第 78 位跃升至 2019 年的第 31 位，连续入列全球优化营商环境改善幅度最大的十大经济体。

转变政府职能，始终是党和国家机构改革的重要任务。也正是由于改革开放以来党持续推动党和国家机构的改革，才能够逐步破除体制机制弊端，使得市场在资源配置中的决定性作用逐步实现，政府机构的职能得到更好发挥。当前要推动高质量发展，建设现代化经济体系，仍然要继续深化党和国家机构改革，优化机构设置和职能配置，不断构建系统完备、科学规范、运行高效的党和国家机构职能体系。

五　改革开放以来我国政府与市场关系演变的特点

改革开放以来我国政府与市场关系演变具有以下几个方面的特点：

第一，党的理论创新推动了政府和市场关系的发展。中国的改革是在党和政府的领导下有组织地加以推动的，执政党对于改革的看

① 《十八大以来重要文献选编》（上），中央文献出版社 2014 年版，第 519—520 页。
② 《2018 年政府工作报告》（http：//www.gov.cn/premier/2018 - 03/22/content_5276608.htm）。

法，即关于改革的意识形态在很大程度上决定着改革的方向和进程。党的理论创新，突破意识形态的束缚，是推动社会主义市场化向前发展的先导性力量。在处理政府与市场关系的实践基础上，党关于政府与市场关系的理论不断创新，一方面推动着市场调节的范围逐步扩展，市场的地位和作用不断提升；另一方面坚持发挥党和政府的积极作用，努力形成政府和市场有机统一的格局。

第二，政府与市场关系不断调整，实现了相互协调、相互补充。纵观改革开放以来我国社会主义市场经济体制的改革历程，可以发现，从长期、动态和宏观的视角来看，我国政府与市场关系不断调整，实现了相互协调、相互补充。政府本身也是经济中诸多行为主体的一个，而不是一个外生的、超然的行为主体。体制变革与经济增长，不仅是个人活动的结果，而且也是政府行为的结果。① 政府在我国市场机制形成、发育和运行过程中发挥了不可替代的积极作用。在市场发育初期，政府通过提供市场信息、建立市场设施、培育市场组织等措施积极促进市场发育，建立健全各种市场规则，反对不正当竞争和各种破坏市场秩序的行为。宏观上，政府通过宏观经济政策维护宏观经济的稳定，防止出现总供求关系的严重失衡，为市场机制的作用创造正常的宏观环境。随着社会主义市场经济体制的逐步发展完善，通过放权和权力优化，政府大幅度减少对资源的直接配置，将不应负责的资源和职能转移给各类市场主体，依据市场规则、市场价格和市场竞争推动资源配置实现效益最大化和效率最优化。四十多年来，市场在资源配置中的作用不断强化，重要性逐步提升，成熟的商品市场、资本市场、劳动力市场已经形成，市场在资源配置中成为决定性力量。

第三，政府机构改革持续推进，政府职能持续优化。适应社会主义市场经济发展的要求，改革开放以来，我国持续推进政府机构改

---

① ［美］W. 阿瑟·刘易斯：《经济增长理论》，梁小民译，上海人民出版社 1994 年版，第 191 页。

革，政府职能持续优化。政府职能由计划经济体制下的无所不包、无所不管，逐步转变为保持经济稳定和可持续发展、提供公共产品、促进共同富裕、维持市场秩序、弥补市场失灵等主要方面。政府的宏观调控从直接管理、行政手段为主到间接管理、经济手段为主逐步转变。特别是党的十八大以来，传统的以经济总量和速度为核心的宏观调控转变为解决发展不平衡、不充分问题，在短期需求管理的同时更注重供给侧管理，加强财政、货币、产业、区域等政策协调配合，创新和完善了新时代中国特色宏观调控。

第二节　改革开放以来的政府作用再认识

改革开放以来，我们对市场作用的认识日益深化，市场机制能有效调节的经济活动都交给了市场，在资源配置中发挥着"决定性"作用。关于市场对资源配置所起的决定性作用，学者们虽然在决定性作用的范围和层次上有着不同认识，但从总体上来说，存在着基本的共识。而对于政府作用，却存在着较大争议。从改革开放以来我国政府与市场关系的实践来看，政府部门主动创造和培育市场，在经济发展和社会转型过程中发挥了重要作用。然而在理论界，一些理论经济学家却不认可政府部门的重要作用，将政府的职能局限在弥补市场自身的缺陷，即市场监管、公共服务和社会管理等方面，甚至试图从理论上否定政府部门在经济发展中的重要性。[①]

面对这一理论和实际脱节的怪现象，有必要对改革开放以来的政府作用进行系统的考察，以充分认识到社会主义市场经济条件下更好发挥政府作用的重要意义。

一　政府在转型期发挥主导作用

中国的改革是在党和政府的领导下有组织地加以推动的，是一种

---

① 胡怀国：《破解理论经济学界的"小政府"迷思》，《学习与探索》2017 年第 12 期。

政府主导型的渐进改革，中央政府在整个市场化改革中始终发挥着主导性的作用，各种重大的改革措施都是由政府统一制定、自上而下推动的，着眼于实现市场经济的一般性条件，着眼于与发达市场经济相比所不具备的条件或缺陷。如果没有党和政府的推动和自上而下的组织，就不可能在计划经济体制下较快地引入市场机制，市场经济在我国的形成也将是一个漫长而艰难的过程，同时会产生矛盾和冲突。在向市场经济转轨的过程中，中国的"强政府"挑战了西方市场经济的传统，以强势政府驾驭资本，推动市场发挥优化资源配置的作用，推动社会主义市场经济的发展。应对加入 WTO 国际竞争的严峻挑战、集中国家财力发展最重要的国民经济领域和创新型国家建设领域、改革发展国有经济、非公经济从无到有迅速发展，都离不开政府强有力的推动。①

　　向市场经济的转型是历史性趋势，并不意味着可以自动成功。政府发挥主导作用，对于促进向市场经济转型和经济发展都是必不可少的。中国改革开放的最基本取向就是全面推进市场化而向现代化发展。现代化发展取决于多方面因素，但对于实行政府主导的后发型现代化发展国家来说，政府自身的总体素质对现代化发展起着至关重要的作用。从某种程度上说，体制改革对于政府而言，是一种自我否定，是以积极的态度主动担当体制改革发起者和推动者的角色。

　　政府决策在体制转型过程中居于主导地位，是转型得以实现的不可或缺的重要环节。从世界社会主义运动的历史来看，几乎所有社会主义国家的体制改革都是由政府自己组织发动和领导的。对于我国体制改革来说，虽然有广大人民群众的参与，但其发动者与组织者仍非政府莫属。在中国经济市场化进程中，政府是主导者。从传统的计划经济体制向社会主义市场经济体制的转变，主要靠政府行为来推动，并且在很大程度上取决于政府本身行为方式的转变。遵循市场经济规

---

① 曹尔阶：《超常增长：中国驾驭资本的奇迹》，南京大学出版社 2017 年版，第 22 页。

则，就可以促进市场的产生和发展，推动经济市场化的进程；违背市场规则，就会压抑市场的出现和成长，阻碍经济市场化进程，甚至使已经发展了的市场经济进程出现逆转。正如邓小平所指出的："现在我们的经济体制改革进行得基本顺利。但是随着改革的发展，不可避免会遇到障碍。……不改革政治体制，就不能保障经济体制改革的成果，不能使经济体制改革继续前进，就会阻碍生产力的发展，阻碍四个现代化的实现。"[①]

（一）体制转型时期影响政府与市场关系的因素

体制转型期[②]中的市场经济最重要的约束条件有两个：一是社会主义的宪法制度；二是不发达的生产力和社会结构。这两个约束条件对中国市场经济模式的形成具有极其深刻和重要的影响。[③] 以上两个约束条件同样是影响这一时期政府与市场关系的重要因素，决定了我国在向市场经济过渡过程中需要政府发挥主导作用。

社会主义宪法制度对政府与市场关系的影响，实际上就是社会主义制度的要求。在社会主义经济中，国家不仅仅是一个政治组织，或者宏观调节的主体，而且还是生产资料的共同所有者的代表。社会主义市场经济体制要求必须坚持以公有制为主体的基本经济制度，决定了国家干预的广度、深度和规模是以私有制为基础的市场经济体制所无法比拟的。[④]

对于向社会主义市场经济转型时期的我国政府和市场关系而言，不发达的生产力和社会结构会产生以下几个方面的影响。

第一，从转型期的国际环境来看，我国的市场化进程面临激烈的国际竞争。在国际市场中，因生产力水平较低，因而不具备国际竞争

①　《邓小平文选》第 3 卷，人民出版社 1993 年版，第 176 页。

②　转型期指我国从传统计划经济体制向社会主义市场经济体制的转型。

③　张宇：《过渡之路：中国渐进式改革的政治经济学分析》，中国社会科学出版社 1997 年版，第 232 页。

④　张宇：《过渡之路：中国渐进式改革的政治经济学分析》，中国社会科学出版社 1997 年版，第 233 页。

优势，如果完全由市场调节，就有可能造成我国产业结构的畸形化，加剧对发达国家的经济依赖，甚至会出现发展中国家现代化过程中所固有的模仿性、分裂性和依附性的恶果。

第二，从转型期的国内环境来看，市场化进程面临着诸多的矛盾和冲突。体制改革总是伴随着利益格局的调整，在打破旧体制建立新体制的过程中，难免产生混乱和无序，人与人之间的利益冲突凸显。没有政府支持，既不可能建立市场机制，也不可能减少转型成本、社会风险及政治不稳定。正如斯蒂格利茨所认为的那样，"建立市场经济不是最重要的，更重要的是生活水平的提高和建立实现可持续、平等和民主发展的基础"①。中国是最大的发展中国家，面临诸多发展挑战，只有通过政府的有效控制，协调利益矛盾和冲突，才能避免社会出现严重的分裂，为经济社会发展创造稳定环境。以 20 世纪 90 年代中国经济面临的一系列严峻挑战为例，由于国内经济过热，1992 年出现了股票热、房地产热和开发区热，金融秩序混乱，连续两年出现了高达 13.2% 和 21.7% 的严重通货膨胀。如果没有政府的有效调控，产生的矛盾和冲突将会严重阻碍市场化进程。

此外，我国还存在着典型的二元经济结构，经济处于一种极不平衡的状态。体制转型和结构转型同时进行，既增加了两种转型的困难，也提出了一些过去不曾遇到的新问题。市场本身不可能自行高效地同时完成这些过程。②

第三，从转型期的经济发展目标来看，不仅要实现宏观经济短期的平衡和稳定，还要着眼于实现国民经济的现代化，加快经济社会发展。对于不发达国家而言，相对于如何更有效地调节资源配置，如何加快经济社会发展显得更为重要。要在短时期内实现较大的变化，就不能依赖价格机制，而需要政府干预使经济的潜力得到

---

① 转引自胡鞍钢、王绍光编《政府与市场》，中国计划出版社 1999 年版，第 99 页。

② 王清宪：《论中国政府在经济市场化进程中的作用》，中国统计出版社 2004 年版，第 16 页。

充分发挥。从历史上来看，要进入现代经济增长期，有赖于国家制定长远发展目标。市场本身不可能促进与国家长远目标相吻合的工业结构的形成。政府可以利用各种政策工具调整产业结构，用有限的资源促进某些行业的发展，使经济在世界上更有竞争力。[1] 要实现上述目标，需要政府从国民经济发展的全局出发制定科学的经济发展战略，引导国民经济的结构和发展方向，缩短经济现代化所需要的时间。在不能仅仅依靠市场发挥作用的领域，政府还应当做更多的工作：投资教育、医疗卫生、营养、计划生育和消除贫困工作；建立质量更好的规章制度和法律环境；为公共开支的融资动员资源，以及提供稳定的宏观经济基础。[2]

第四，从市场经济发展的程度来看，这一时期我国的市场经济仍然属于不发达的市场经济。由于生产力水平落后，市场发展面临着诸多因素制约，市场发育的深度、广度和完善程度都受到了很大限制，市场失灵的广度和深度也远远超过了发达的市场经济国家。在市场体系不健全的情况下，政府需要培育市场、引导市场、组织市场，甚至在必要的时候代替不完善的市场。即使市场机制建立起来，政府也应当在规范市场行为方面起到相应的作用，以确保市场机制能够有效发挥作用。

（二）社会主义市场经济条件下政府调节的优势

在社会主义市场经济条件下，政府调节具有以下几个方面的功能强点。[3]

第一，宏观经济制衡功能。宏观经济调控的目标具有多元性，可以分为较快提高人民生活水平和质量、努力增大社会经济效益、切实保持适度经济增长、不断调整经济结构、努力保持经济稳定等五个层次。要实现五个层次的目标，不可能通过市场调节自发实现，而只能

---

① 胡鞍钢、王绍光编：《政府与市场》，中国计划出版社 1999 年版，第 31—34 页。

② 世界银行：《1991 年世界发展报告：发展面临的挑战》，中国财政经济出版社 1991 年版，第 9 页。

③ 程恩富主编：《国家主导型市场经济论》，上海远东出版社 1995 年版，第 80—86 页。

通过政府自觉地制定和组织实施计划目标实现。

第二，经济结构协调功能。政府调节的目标应当包括牵涉全局的许多重大经济结构问题，比如所有制宏观结构、产业结构的合理化和高级化。特别是所有制宏观结构，政府需要作出适当的选择和调控，从而既能保持经济运行的高效率、稳定增长，又可以保持基本经济制度的社会主义性质和社会公平。实现产业结构的合理化和高级化，有赖于政府制定正确的产业政策。

第三，市场竞争保护功能。政府通过颁布反垄断法、使用经济手段等途径来抑制垄断和保护竞争。

第四，整体效益优化功能。由于微观经济效益和宏观经济效益，以及经济效益与非经济的社会效益之间存在一定矛盾和冲突，需要政府在缓解矛盾和优化效益与利益等方面发挥相应作用。

第五，公平分配维护功能。政府必须在分配领域运用经济手段和机制，采取必要的措施，妥善解决自发的市场竞争机制无法解决的社会分配公平难题。

（三）转型期政府和市场实现了相互促进、互为补充

在分析政府作用时，较多关于转型期政府与市场关系的研究往往以成熟市场经济国家的政府作用为标准，忽视了我国在向社会主义市场经济转型过程中所面临的特殊条件。从高度集中的计划经济体制开始的转型，面临着理论和实践上的重重困难，是一个渐进的过程。市场经济在促使社会生产率提高的同时，有其自身难以消除的弊端，比如我国在市场化进程中出现的经济运行波动、收入差距扩大、腐败高发、道德滑坡等现象。因此，在转型过程中，政府应当发挥较成熟市场经济国家更广泛的职能。早在 1995 年出版的《国家主导型市场经济论》一书中，程恩富就提出，发展市场经济，需要强调国家调节的主导功能。功能完备、运转协调、灵活高效的现代国家调节机器，是整个社会主义市场经济运行的主导。国家调控的对象分为直接对象和间接对象。直接对象主要指国民经济总量和经济结构的演变等，间接对象主要指绝大部分企业和微观经济行为。对于直接对象而言，社会

主义国家调节的主导作用更为重要。在微观运行、市场运行和宏观运行的各层次及全过程中，转型后社会主义国家重新设置的现代调节机器，将成为主导环节（不是主体），并发挥出强大的新功能。[①] 他认为，应当建立强市场和强政府的"双强"格局，与资本主义国家相比，国家的经济职能和作用应略大。[②] 王绍光、胡鞍钢吸收市场经济国家的成熟经验，结合中国发展中国家的具体国情，比较全面地总结了转型过程中九种特殊政府职能。[③]

对于处在经济转型和社会转型的双重转型过程的中国来说，渐进式改革面临着两项看似相互矛盾实际上是相互依赖的基本任务：一是积极推进市场化，减少政府对微观活动的干预；二是更有效地发挥政府的主导作用。因此，改革的成功也取决于能否在发挥政府主导作用的同时，把有效的市场调节和有效的政府调节有机结合起来。[④] 从十八大以前经济发展的巨大成就来看，我国的渐进式改革无疑是成功的，国民经济总量从 1978 年的 3645 亿元，增加到 2011 年的 47.2 万亿元，增长了 128.5 倍，年均增长率接近 10%，创造了中国经济发展史和世界经济发展史上的奇迹。这一奇迹的取得，也充分说明我们很好地发挥了政府和市场的作用。在此期间，我国市场体系不断完善，市场机制得到充分利用，市场主体的积极性被充分调动起来。国有企业的发展、党的发展目标、国家和各地区发展规划的制定，中央政府和地方政府的积极性被充分调动起来，较好地弥补了市场失灵。

---

①　程恩富主编：《国家主导型市场经济论》，上海远东出版社 1995 年版，第 1—4 页。

②　程恩富：《邓小平经济理论的八大辩证思维》，《经济学动态》1998 年第 1 期。

③　即促进市场发育，建立公平竞争的统一市场；注重公共投资，促进基础设施建设；实施正确的产业政策，充分发挥比较优势；解决地区发展不平衡问题，促进少数民族地区加快发展；严格控制人口增长，大力开发人力资源；保护自然资源和生态环境；防灾减灾和救灾；管理国有资产和监督国有资产经营；实施城乡反贫困计划。参见胡鞍钢、王绍光编《政府与市场》，中国计划出版社 1999 年版，第 9—16 页。

④　张宇：《过渡之路：中国渐进式改革的政治经济学分析》，中国社会科学出版社 1997 年版，第 249 页。

二　十八届三中全会以来我国理论界关于政府作用的论争

党的十八届三中全会作出"使市场在资源配置中起决定性作用和更好发挥政府作用"的论断之后，理论界对"市场决定"条件下的政府地位以及如何更好发挥政府作用展开讨论。

一类观点是强调"强政府"的作用。袁恩桢一直坚持中国特色社会主义的"政府和市场"双强模式。他认为，社会主义市场经济的一个重要特点是强调政府作用，"强政府"是我国的优秀传统，中国共产党的领导是"强政府"的内涵，主要在宏观经济方面发挥作用。政府和市场是互相尊重、分工合作、共同努力的和谐关系。[1] 杨承训认为，建立强政府与旺市场是市场经济改革的方向。从宏观、中观、微观层面，市场机制和政府作用都是密不可分的。政府主导是社会主义市场经济制度的内在要求，要求继续深化政府改革，按照社会主义宗旨，解决政府的缺位、错位、越位问题。[2] 强调强政府作用的同时，以上学者均强调政府的作用应建立在遵循"市场决定资源配置"这一规律基础之上。

另一类观点是将政府和市场对立起来，质疑否定政府的作用。有学者把政府视为反市场的力量存在，认为政府的作用仅限于对私有产权和自由竞争的有效保护。所谓的"市场失灵"，很大程度上是市场理论的失败，或者是政府干预导致的市场紊乱，而不是真正的市场失灵。政府管制不仅造成了效率低下，而且产生了严重的社会不公和腐败现象，甚至导致了严重的饥荒和社会的崩溃，如何防止政府对市场的破坏是人类面临的永恒挑战。[3]

---

[1]　袁恩桢、刘柯杰：《再论中国特色社会主义的"政府和市场"双强模式》，《毛泽东邓小平理论研究》2019 年第 9 期。

[2]　杨承训：《中国市场经济改革应重视强政府与旺市场的建设》，《经济纵横》2012 年第 2 期。

[3]　张维迎：《政府与市场——中国改革的核心博弈》，西北大学出版社 2014 年版，第 9 页。

中国处理政府与市场关系的实践说明，强政府和市场化并不冲突。从某种意义上说，强政府是市场发挥决定性作用的前提条件。因此，习近平总书记在对《中共中央关于全面深化改革若干重大问题的决定》所做说明中指出，之所以能够在完善社会主义市场经济体制上迈出新步伐，是因为具备了主客观条件，客观条件是"社会主义市场经济体制已经逐步建立"，"市场化程度大幅度提高"，主观条件是"对市场规律的认识和驾驭能力不断提高"，"宏观调控体系更为健全"。① 改革开放以来，我国的市场化改革一直向着更加自由开放的方向发展。我国营商环境持续优化，在全球的排名近年来有了较大的提升，从 2017 年的第 78 位跃升至 2019 年的第 31 位，连续入列全球优化营商环境改善幅度最大的十大经济体。同时，政府机构改革不断深化、职能持续优化，效能全面提高，构建起了职责明确、依法行政的政府治理体系。党和国家机构职能优化协同高效，人民当家作主制度体系得以坚持和完善，政府和市场一直保持着相互协调、相互促进的关系，不可能也不会出现所谓的"权贵资本主义"。关键不是要不要政府发挥作用，而是如何更好发挥政府作用。不能因为政府对市场的干预可能带来的问题就主张政府"无为而治"，这显然是因噎废食之举。从长期来看，发挥政府作用是市场经济真正有效、公正运转的前提。

强政府并不意味着政府必然拥有强大的国有经济和直接控制许多经济部门，强政府是相对于西方成熟市场经济国家通常意义上的"弱政府"而言的，中国政府的经济职能更广，还发挥着基于社会主义制度要求的特殊职能。中国正在从计划经济体制下的强政府向社会主义市场经济体制下的强政府蜕变。计划经济时代的强政府是无所不能，通过行政命令的方式发挥作用。社会主义市场经济体制下的强政府应当尊重市场规律，通过改革激发市场活力，用政策引导市场预期，用规划明确投资方向，用法治规范市场行为。同时，更加科学地制定国

---

① 《十八大以来重要文献选编》（上），中央文献出版社 2014 年版，第 499 页。

家规划、发展战略，综合运用金融货币政策；更好地引导市场。明确何者可为，何者不可为，本身就意味着政府对自身作用认识的更加理性化，这实际上也是强政府的一种体现。

对于在转型期发挥主导作用的强政府而言，在推动社会主义市场经济建立和发展之后，应当从转型期的一些领域退出，特别是资源配置上，让市场起决定性作用。但是强政府在干预经济方面，往往存在不懂得或不愿意"退场"的倾向，造成政府干预的越位和错位。此外，社会主义市场经济体制的不完善，在政府和市场关系方面，表现为存在政府错位、越位和缺位现象，从而在相当程度上影响市场机制对于社会经济活动的调节。因此，政府改革、政府职能转换是深化经济体制改革的关键，是全面深化改革的关键，也是使市场在资源配置中起决定性作用的关键。①

三　现阶段更好发挥政府作用的必要性

政府的经济职能并不是一成不变的，随着经济的不断变化，政府的职能也必须不断变化。经济环境的变化从根本上改变了政府应该做的事情和所能做的事情。历史地、辩证地看待我国经济发展的阶段性特征，是正确认识和处理政府与市场关系的前提。

（一）新时代我国发展的阶段性特征决定了要更好发挥政府作用

"认识新常态，适应新常态，引领新常态，是当前和今后一个时期我国经济发展的大逻辑。"② 进入新常态，我国经济增长速度、发展方式、经济结构调整方式、发展动力都出现了新的变化，经济逐步向形态更高级、分工更优化、结构更合理的阶段演化，要实现这一广泛而深刻的变化是巨大的挑战。不能延续过去粗放型的经济发展方式，必须通过加快转变经济发展方式、调整经济结构，形成新的增长动力，以实现有质量、有效益、可持续的发展，以比较充分就业和提

---

① 张卓元：《十八大后经济改革与转型》，中国人民大学出版社2014年版，第100页。
② 《习近平谈治国理政》第2卷，外文出版社2017年版，第233页。

高劳动生产率、投资回报率、资源配置效率为支撑的发展。

同时，经济增长也处于一个关键时期。按照国际标准，一个国家的人均 GDP 如果达到 3000 美元左右，就已经进入了中等收入国家行列。世界上很多中等收入国家，由于在发展过程中长期积累了各种经济与社会矛盾，发展问题日益凸显，被称为"中等收入陷阱"。中国的人均 GDP 在 2011 年就已经达到了 5414 美元，达到了中等收入国家的标准。

过去中国的竞争对手主要是发展中国家，而且拥有人力资源优势和低价优势；随着我国劳动力等生产要素成本以较快速度上升，而东盟等新兴经济体和其他发展中国家凭借劳动力成本和自然资源比较优势积极参与国际分工，加剧了我国的出口竞争。新时代，我们的发展目标是中高端产业，由过去的"跟跑者"向"并跑者"和"领跑者"转变，中国也成为一些发达国家眼中的"竞争对手"，因此我们所面临的国际竞争环境也会更加激烈、利用国际资源和国际市场的条件较之过去也有一定困难。

在基本完成了由传统农业国向工业国转型之后，如何实现产业结构优化升级，就成为关系继续发展和可持续发展所要解决的关键问题。要继续发展和实现可持续发展，就会面临许多发展中国家和新兴国家所遇到的障碍——如何跨越产业升级，缩小收入差距。如果继续依靠过去那种以劳动密集型、资源消耗型、环境污染型为特征的中低端产业为主的发展方式，必然无法跨越上述障碍，也无法实现从中等收入国家向高收入国家的跨越。很多发展中国家始终没有从中等收入跨入高收入行列的这一现实，也充分说明产业结构升级是一个全球发展中国家普遍面临的重大问题。要成功实现产业转型升级，必然会面临一系列风险和挑战，同时也需要付出一定的代价。产业结构升级，淘汰落后产能，就会导致资本沉没。被淘汰企业的工人需要转型再就业，这会产生培训成本，或者使他们面临失业风险。产业结构急剧变动也会加剧社会阶层变动和人群分化，从而导致社会不稳定。

进入新常态，我国经济也面临着很多困难和挑战，特别是结构性产能过剩比较严重。我国当前经济下行压力较大，结构性问题是根本问题。产业结构不适应需求变化、部分行业产能过剩，是导致工业下滑的主要因素，工业增长下滑则是经济下行的一个重要原因。加快转变经济发展方式、调整经济结构，采取有效措施化解产能过剩，是提高发展质量和效益的唯一正确选择。而转方式、调结构存在着"窗口期"，如果不能抓住"十三五"这一重要窗口期的机遇，就不仅不能实现更好质量、更有效率、更加公平、更可持续的发展，也会耗尽改革开放以来积累下来的宝贵资源。我国是社会主义国家，不可能像过去资本主义国家那样，通过经济危机或对外侵略的方式来消化过剩的产能。因此，需要有为政府和有效市场的协调配合，才能在实现产业结构升级的同时，减少和消化这一过程所带来的经济和社会成本。十八大以来，党和政府陆续出台了一系列诸如中国的 2025 年制造业规划、2035 年现代化规划等经济发展规划和改革措施，都是为了实现产业结构的优化升级，实现从世界产业链的中低端向高端发展，实现绿色的可持续发展。

（二）西方经济学关于政府干预的理论及启示

现代市场经济是一种混合经济。从世界各国的实际情况来看，纯粹的市场经济或完全竞争的市场经济是不存在的。政府在市场经济发展的每一阶段都必须发挥一定的作用，只是在市场经济发展的不同阶段，不同国家的政府发挥作用的范围、内容、方式及力度都有所不同。斯蒂格利茨在《经济学》一书中提到，市场经济"可能有太多污染，太多不平等，或对教育、卫生和安全关心太少"，"在市场经济中，政府起着重要作用"，"政府在促进竞争和限制滥用市场势力方面发挥着积极的作用"。[①] 萨缪尔森等在《经济学》教材中，特别提出了自由放任的市场经济会带来收入分配不公平，导致"收入和财富上存在着巨大的不平等，而这种不平等会长期在一代代人中留下

---

① ［美］斯蒂格利茨：《经济学》（第二版），梁小民、黄险峰译，中国人民大学出版社 2000 年版，第 14、359 页。

去"，"财富分配的不平等远远大于收入分配的不平等"，"政府应进行干预，以增进市场经济的功能和公平"。①

政府行为本身就有可能导致市场失灵，比如非自然垄断、"大而不倒"的金融机构、与各类特权相关的"租金"、信息披露不充分或虚假信息等等。在市场可能出现失灵时，政府过分注重以公共部门活动代替市场，却没有尽力避免市场失灵。在很多情况下，市场之所以失灵，是因为政府放任这些市场而导致了市场失灵的环境。政府应当集中精力避免市场失灵，而不是在事后对市场进行修补或纠正。这应当成为政府在发挥经济职能时的一条根本原则。②

对于西方市场经济的理论和实践而言，政府干预主要是基于市场缺陷和市场失灵。为了弥补市场缺陷和纠正市场失灵，现代市场经济国家的政府需要采取以下措施：在社会经济生活中需要提供公共物品；对收入和财富进行再分配；规制垄断、外部效应以及信息不对称；维护经济秩序；调控宏观经济。但是政府行为也有其内在的局限性，市场解决不好的问题，政府也不一定能解决好。西方市场经济国家在 20 世纪 70 年代出现的低增长、高失业与高通胀并存的"滞胀"困境促使人们开始关注政府行为的局限性及政府失灵问题。当代西方新自由主义经济学思潮，特别是公共选择学派，首先对政府失灵问题进行了系统研究，其核心主题是用经济学的方法来说明市场经济条件下政府干预行为的局限性以及政府失灵问题。

布坎南等人的政府失灵理论对西方市场经济条件下，政府干预行为的局限性以及由此带来的弊端进行了深刻的分析，从中我们可以深刻认识到资本主义国家政府和官员并非公共利益的代表，同时他们的分析也揭示了西方政治制度的某些内在缺陷，尤其是指出了现有的各种投票制度或表达方式的弊端、利益集团的影响力、政治家和官僚的

---

① ［美］萨缪尔森、诺德豪斯：《经济学》（第十四版），胡代光等译，北京经济学院出版社 1996 年版，第 544、657 页。

② ［美］坦茨：《政府与市场：变革中的政府职能》，王宇等译，商务印书馆 2015 年版，第 350—351 页。

利己主义等因素是如何造成政府失灵现象的。当代西方国家所面临的
"滞胀"及其他社会经济问题,主要不是经济方面的原因,而在于政
治制度的缺陷,即现行的政治决策规则不能有效地驾驭政治过程中人
们的利己行为。[①]

公共选择学派对政府失灵的分析建立在西方市场经济和西方政治体
制基础之上,因而具有明显的局限性。比如,它把经济人假设引入政府
行为分析,把市场经济的交换原则无限制地应用于政治领域,认为谋取
私利是所有政府的特性。这一前提假设显然与我国政府的性质不符。但
该学派所揭示的西方国家政治制度的缺陷是导致政府失灵主要原因这一
事实,为我国如何应对政府失灵问题提供了有益启示。有效应对政府失
灵,一方面可以借鉴西方经济学所提出的防止和纠正政府失灵的有效措
施,但是要有效发挥政府作用,避免出现西方国家所面临的包括"滞
胀"在内的社会经济问题;另一方面,关键还是要发挥社会主义政治经
济制度的优势,有效驾驭政治过程中的"利己行为"。

四   政府应当更有效地发挥监管职能,特别是对金融机构的监管

成功的市场经济几乎无例外地存在政府广泛和深入的监管。经验
显示,在现代市场的发展中,正是市场中的一次次危机和一次次困惑
甚至灾难,把政府一次次拉进市场。

市场失灵是引发政府监管的主要原因,具体可分为外部性、自然
垄断、市场强权,不适合和不对称信息。市场规则及市场监督在发达
国家的历史表明,随着市场的发展,规则和监管并不会消失,而是随
着市场的发展而发展。如果不能实现有效的监管,特别是在铁路、航
空、食品和医药等领域,就会有一些运营商试图绕开甚至违反法律,
通过不公平和危险的行为实现利润最大化,从而导致许多灾难等事件
的发生。近年来,美国减少监管资源,要求监管机构相信市场,减少

---

① 谢自强:《政府干预理论与政府经济职能》,湖南大学出版社 2004 年版,第 357—
358 页。

对市场的干预，受监管行业经常填表说明自己是否遵守了监管规定。这导致市场出现麦道夫骗局、墨西哥湾事故、开采悲剧及其他灾难。[①]

杰夫·马德里克在《政府与市场的博弈：20 世纪 70 年代以来金融的胜利与美国的衰落》一书中，向我们描述了美国从 20 世纪 70 年代开始进入"贪婪时代"的过程——政府力量逐步被削弱、金融业规模持续过度扩张。作者认为，正是由于金融业规模持续过度扩张和贪婪的投机行为，以及政府力量被削弱所导致的监管不力，导致了 20 世纪 80 年代以来的多次金融危机，并引发严重的经济衰退。"2008 年的崩溃不是系统性失败，而是一小撮人无节制的贪婪所致，也是 40 年来华尔街登上权力之巅，而政府的力量被削弱所致，而这一小撮人如今仍然大权在握。贪婪的时代仍在继续。"[②] 作者同时指出，美国之所以没有陷入更加严重的经济衰退，唯一原因是政府出台了昂贵的一揽子救助计划。但这些救助计划的真正受益者却是导致金融危机"大而不倒"的金融机构，这些金融机构的高管并没有为自己的投机行为负责，相反却赚取了高额薪酬。金融机构员工的人均薪酬从 1978 年开始上涨，其增速之快远远超过美国其他企业的平均增速，到 2008 年已经达到其他所有企业的两倍以上。这些金融机构的行为也并没有得到真正有效的监管。

在国际金融危机之前，美国经济学界和金融界有许多人信奉"市场原教旨主义"，认为市场尤其是金融市场总是能够实现自我调节，因而不需要政府监管。而现实以昂贵的代价证明这一看法是错误的。在应对金融危机、拯救金融市场的政策选择上，由于金融机构游说集团的影响，政府选择救助银行和其他金融机构，却并没有进行必要的监管改革。这一方案导致整个社会分摊了绝大部分由大银行对国民经济造成的巨额损失，而金融机构却获得了大部分收益。一些大银行到

---

① ［美］坦茨：《政府与市场：变革中的政府职能》，王宇等译，商务印书馆 2015 年版，第 395 页。

② ［美］杰夫·马德里克：《政府与市场的博弈：20 世纪 70 年代以来金融的胜利与美国的衰落》，李春梅、朱洁译，机械工业出版社 2013 年版，第 363 页。

2010 年已经恢复到危机之前的高利润状态，其高管和员工继续获得高额奖金。中央银行维持低利率，很大程度上是银行能够重新盈利的原因，而中小企业却更难从银行体系获得贷款。金融机构赚取的巨额收入并没有为国民经济带来等量的真实价值，金融市场创造的收入大部分来自赌博或类似赌博的活动，与实体经济联系很少。比如，危机前的房地产繁荣行情在很大程度上是虚假需求和人为制造的泡沫，并没有为社会创造真实而持久的财富，危机之前的经济增长所体现的是虚高的房屋价值及金融机构从房价上涨中所赚取的高额收入。①

　　对于我国而言，防范化解重大风险位列三大攻坚战②之首，是保障经济平稳运行的重中之重，是弥补市场监管不足的主要内容，也是未来经济发展的薄弱环节。现阶段，我国市场中存在众多风险，而关键性风险是金融风险。金融制度是经济社会发展中重要的基础性制度，金融安全更是国家安全的重要组成部分，金融是经济的血脉，金融出现不安全将直接导致经济产生风险。党的十九大报告明确提出要"健全金融监管体系，守住不发生系统性金融风险的底线"③。防控金融风险，应当强化监管，提高防范化解金融风险能力。以防范系统性金融风险为底线，完善金融市场与机构内部结构，提升金融机构公司治理有效性，健全符合我国国情的金融法制体系，加强微观管制和宏观审慎相结合的管理制度建设，注重功能监管，更加重视行为监管。

　　此外，还要保障金融与实体经济之间的良性循环，使金融更好服务于实体经济，服务于经济社会发展。习近平总书记在 2017 年全国金融工作会议中强调："金融要把为实体经济服务作为出发点和落脚点。"④ 实体经济是国民经济的骨架，金融是实体经济的命脉，没有

---

　　① ［美］坦茨：《政府与市场：变革中的政府职能》，王宇等译，商务印书馆 2015 年版，第 347—350 页。

　　② 2017 年召开的中央经济工作会议提出要坚决打好"防范化解重大风险、精准脱贫、污染防治的攻坚战"。

　　③ 习近平：《决胜全面建成小康社会　夺取新时代中国特色社会主义伟大胜利——在中国共产党第十九次全国代表大会上的报告》，人民出版社 2017 年版，第 34 页。

　　④ 《习近平谈治国理政》第 2 卷，外文出版社 2017 年版，第 279 页。

实体经济的健康发展，金融就会成为无源之水。金融机构真正发挥其为非金融机构筹集资金的主要职能，有利于将资金投入能源、基础设施等有价值的领域以提高生产能力，促进经济发展，避免投机行为，保证政府在交通基础设施、教育、医疗保健和能源科技方面的投资。金融机构金融资源配置与服务能力和效率的提升，应当专注于经济社会发展的重点领域与薄弱环节，更好地满足人民群众与实体经济多样化、个性化需求。

五 政府应当在创新领域发挥更重要作用

当今世界，科学技术越来越成为推动经济社会发展的主要力量。技术创新对财富创造起着核心作用，是经济增长的内生关键要素。社会生产力发展和综合国力提高，最终取决于科技创新。国际经济竞争甚至综合国力竞争，从根本上说取决于创新能力的竞争，在创新上领先的国家，也就拥有了引领发展的主动权。不仅美国、欧盟、日本、韩国这些发达经济体提出了创新教育和以提高竞争力为核心的国家创新战略，而且俄罗斯、印度、巴西、新加坡等国也先后提出本国的创新战略和创新规划。我国的经济总量虽然已经跃居世界第二，但是创新能力不强，科技发展水平总体不高，科技对经济社会发展的支撑能力不足，科技对经济增长的贡献率远低于发达国家水平。因此，通过创新引领和驱动发展就成为我国发展的迫切要求。对于我国而言，是否能抓住新一轮科技革命和产业变革的重大机遇，是转变经济发展方式和调整产业结构的关键。在经济新常态的条件下，只有把创新作为发展的第一动力，才能破解产业过剩难题，实现经济结构转型升级，给经济社会可持续发展注入强劲动力。党的十九届四中全会把完善科技创新体制机制作为坚持和完善社会主义基本经济制度，推动经济高质量发展的重要组成部分，凸显了科技创新体制机制的重大意义。

完善科技创新体制机制，关键是处理好政府与市场的关系。受新自由主义的影响，政府在科技创新体制机制中的作用往往被低估。较之私营部门的充满活力和富有创造性，政府通常被认为是缺乏活力和官僚主义的，在增进企业家精神、创新和增长方面仅发挥着有限的作用。虽然受到新自由主义的影响，但实际上，美国政府广泛参与到突破性技术创新的基础研究、应用研究和商业化的各个阶段，在资助和支持私营企业新技术商业化上发挥了重要作用。考察美国政府在创新领域的作用，对我们思考当今中国创新的改革发展、处理创新领域的政府与市场关系、完善科技创新体制机制，以及抵制市场原教旨主义思想具有重要的现实意义。

（一）美国政府在创新领域的作用

对于创新来源以及政府在创新发展中是否以及起到了多大程度的作用这一问题，在美国国内也存在着截然相反的两种观点。一部分学者、政策分析家和政策制定者认为大多数的创新是私营部门独立运作的结果，而政府的支持则是十分有限的。因此，他们建议政府在创新中的作用仅限于提供改善创新环境的措施——比如，保持好的商业氛围，加强基础科学研究，培养科技人才。他们认为美国经济的活力几乎完全取决于私营部门的活力。因此，一个过于积极的政府创新和技术政策，除了对于基础研究和科学、技术、工程以及数学教育的支持以外，"产业政策"是对市场的不当干预，会阻碍私人公司开发创新技术，扭曲以市场为基础的资源配置的效率。

持相反意见的学者、政策分析家、政策制定者认为，政府的支持远不止于基础研究和政府采购，对于二战后美国工业持续保持世界主导地位起到了至关重要的作用。同时，政府协调了私人企业、公共资助的大学研究机构、政府实验室的合作，这些合作远远超过了国防领域，涵盖了大部分民用经济。他们当中很多人相信，包括政府研发计划和科技专家在内的网络处于创新经济的核心地位，有效的技术政策需要政府对目标研发计划以及有利于创新的合作机制给予积极支持。

经济学家马祖卡托通过对美国政府广泛参与到突破性技术创新的基础研究、应用研究和商业化的各个阶段的实践进行研究，将美国定义为"企业家型国家"。她在对西方经济学的市场失灵理论进行批判性分析的基础上，认为国家可以在生产和创新中发挥企业家、风险承担者和市场创造者的"企业家型国家"的重要作用。① 虽然受到主导新自由主义思想的影响，美国联邦政府仍然在资助和支持私营企业新技术商业化上发挥了重要作用，实际上是一个发展主义网络化国家。在里根和老布什政府时期，虽然经济上自由放任，但是美国政府却制定了一系列法案和发展计划，致力于扩大政府在技术变革中的作用。②

弗雷德·布洛克和马修·R.凯勒分析了被《研发杂志》③ 评为最近40年前100位的创新样本，从而得出创新的来源，以及联邦政府在这些创新发展中的作用。

从1971年到2006年，在入围《研发杂志》前100位的美国创新项目中，其组织来源发生了戏剧性的变化。1971年，获奖97项中的83个项目（86%）由私营部门研发；2006年，88项中只有27项（31%）来自私营机构的研发。这一变化是逐渐发生的，但是从1988年以后，来自公共部门和混合组织的研发项目就开始占据《研发杂志》评出的100个项目中的大部分。其中，世界企业500强对创新的单独贡献显著下降，而被很多观察家贬低且质疑其对于创新所作贡献能力的联邦实验室则成为创新项目的主要提供者。

来自公共部门实体（public sector entities）的获奖创新显著增加，从1975年的14项，增长到2006年的61项。2006年，在获奖项目的美国实体中，只有11家不是联邦资助的受益者。跻身《研发杂志》100项行列的美国创新项目中，越来越多的项目来自公共机构，跨组织合作在这些项目中发挥了越来越重要的作用。所有这些都显示，公共资助对于近些年的美国创新过程愈加重要，如今已经不存在只依靠

---

① Mariana Mazzucato, *The Entrepreneurial State*: *Debunking Public vs. Private Sector Myths*, *Demos*, London, UK. 2011, pp. 75 – 88.

② ［美］弗雷德·布洛克：《被隐形的美国政府在科技创新中的重大作用》（上），张蔚译，《国外理论动态》2010年第6期。

③ 《研发杂志》100项最佳创新奖在研发专家领域享有盛誉，类似于电影界的奥斯卡奖。自1963年开始，该杂志每年都评选出100项最优创新（用于开发商业产品）。组织可以提名他们自己的创新项目，所有入围者最初要通过包括商业代表、政府机构、大学在内的外部评审。杂志评审在考虑外部评审的投票之后，最终决定获奖名单。

自己的力量从事创新活动而不依靠联邦政府帮助的私营企业。

对这些数据的分析证实了美国创新体系在最近几十年发生的巨大变化。20世纪70年代的100项获奖创新大部分来自独立的公司，最近20多年的100项获奖创新则大部分来自企业界和政府的合作，包括联邦实验室和联邦资助的大学研究。实际上，在70年代，大约80%的获奖创新来自独立的大公司。如今，大约三分之二的获奖创新来自跨组织合作——这种情况反映了创新过程日益具有合作性质，政府机构、联邦实验室和研究型大学在私营企业创新活动中发挥了更大的作用。

美国的历史恰恰说明，市场不是推动创新的唯一力量，美国政府在创新领域发挥了重要的甚至是关键性的作用。弗雷德·布洛克和马修·R. 凯勒的研究发现，从80年代开始，美国国会和行政机构通过了一系列的行动计划，用以调动公共资源加速新技术的研发和商业开发。[①]

第一，致力于增加那些已经获得联邦政府资助项目的商业化影响，特别是那些大学和政府实验室。政府激励科学家和机构，通过创建新公司、将技术授权给私营企业或者和商业公司进行合作工程的方式，使他们的研究发现进入商业领域。

第二，80年代创立新的美国联邦项目，用以帮助那些私营企业进行竞争前的研发费用融资。这些计划中最重要的是小企业创新研究计划（Small Business Innovation Research Program），通过这一计划，联邦政府机构将它们研发预算的一部分拨给一些小公司，这些小公司很多都是大学或者联邦实验室新建的。国家标准机构的先进技术计划和能源部的一系列计划提供相应的资金，为新建以及现有公司特别有前景的新技术提供支持。

第三，美国联邦政府在20世纪80年代和90年代早期加大了对

---

① Fred Block and Matthew R. Keller, "Where do Innovations Come from? Transformations in The U. S. National Innovation System, 1970 - 2006", *The Information Technology & Innovation Foundation I*, July 2008, pp. 5 - 6.

商业公司的技术支持，以帮助它们跨越技术障碍。比如，制造业扩张计划，帮助数以千计的小公司适应电脑化以及要求越来越高的生产适时产品的时间表。国家纳米计划成立一系列联邦资助的、以大学为基础的实验室，小企业可以利用这些实验室，它们可以省下建立自己研发机构的资金。同时，联邦实验室也加强与这些公司合作，通过合作研发等其他协议，给它们提供重要的技术支持。

第四，设立一些联邦政府倡议计划，支持并为一些研究财团提供便利，将同一领域的公司联合起来解决技术问题。典型的例子是联邦政府在 80 年代大规模投资半导体生产技术。在联邦政府的帮助下，美国的半导体产业使它的供应公司更为现代化、制定了复杂的研究计划，从而领先于外国竞争者。很多政府机构，包括能源部、国家标准和技术机构（通过先进技术计划），以及很多军方机构都遵循半导体产业的例子，召集并支持大型的工业财团以克服技术挑战。同时，国家科学基金会和国防部支持更加分散化的大学实验室体系，建立起一个和企业团体进行合作的更加地方化的网络。以国家科学基金会的技术研究中心为例，其由 17 个跨学科、在不同大学的中心组成，和企业进行密切合作。

（二）美国政府高科技政策的特点

1. 市场原教旨主义限制了美国政府支持和加快创新的能力

由于最近几十年的主导地位，且成为政党竞争、私营企业获得利益的工具，市场原教旨主义产生了多方面的影响，使得"小政府、大社会"的观念成为普遍接受的"共识"。在公众看来，公共部门是迟钝的、官僚的，私营企业则富于活力和创造性，政府的经济政策应当局限于为自由市场提供基础设施和制定规则。一旦超过了这一界限，政府的发展主义政策就会遭到公众和反对党派的反对，从而限制了其支持和加快创新的能力，在实施发展主义政策的同时，在不同程度上受到影响。

2. 服务于党派利益

虽然新自由主义思想在过去 30 年来一直在美国政治意识形态中

起主导作用，但是联邦政府实际上推动了美国国家创新体系的根本性变革，发挥针对性资源、开放窗口、经纪、助长等发展主义网络化国家的四大主要功能，通过国家的技术政策深深地介入其商业经济的各个环节。

政府的科技政策服务于党派利益，而市场原教旨主义则充当了两党政治斗争的工具。两党实际上都为发展主义政策提供高水平的支持，以争取重要商业集团成为同盟的成员，同时又以市场原教旨主义为借口反对对方。执政党必须为发展主义政策提供高水平支持，来拉拢重要的商业团体。同时，还作出一定的姿态表明这样做的原因是为了保证科技进步，从而免于原教旨主义者和在野党的攻击。在野党则强烈反对政府的发展主义政策，既可以借机攻击执政党是大政府永远支持者的立场，还可以阻止执政党通过扩大研发计划获得商业联盟。因此，两党实际上均支持发展主义政策，只不过受党派竞争和冲突的影响，根据处于执政党或在野党不同地位而采取了不同的策略。

3. 无法体现大众需要，被某些公司利益集团左右

受制于党派冲突以及处于主导地位的市场原教旨主义的影响，美国政府的发展主义政策主要通过军事和国家安全机构来进行，但被某些公司利益集团所左右，而公众在决定联邦政府研发重点上几乎没有发言权，技术创新的成果并不能服务于公共利益。美国政府在创新领域发挥了重要作用，创造了大量的财富，这些财富却被私人所占有。比如，虽然美国能源部培育出了大量的能源节能技术，但政府并没有将这些技术用于减少经济对石油和煤炭燃料的依赖；在互联网高速宽带连接方面，由于全部连接费用都由私人公司和家庭用户承担，因此速度缓慢，而且从具有高速网络连接的家庭比例来看，也远远落后于日本以及欧洲一些国家；没有建成连接主要城市的高速客运铁路线。[①]

---

① ［美］弗雷德·布洛克：《被隐形的美国政府在科技创新上的重大作用》（下），张蔚译，《国外理论动态》2010 年第 7 期。

出现上述的这些情况，显然受到市场原教旨主义和所牵涉的公司利益影响。对于某些大公司而言，从某种意义上讲，市场原教旨主义也是其用来维护企业利益的一种工具。如果需要政府发挥作用，一些大公司就会反对市场原教旨主义，利用这一工具来获取补贴、研究支持、知识产权保护以及可靠的海外支持等。①

（三）美国政府支持创新体系的缺陷

美国政府支持创新体系具有多重优势，但同时也具有三个方面主要的、相互联系的缺陷。第一，这一体系将分散化推向了无效益的极端。在现有的安排下，完全会出现以下情况：即5个不同的联邦机构可能支持30个不同的、致力于解决完全一样问题的技术专家团队，却完全没有注意到彼此工作的重复性。如果不同的小组无法互相学习，这种状况就会带来大问题。第二，由于联邦政府培育创新的重要角色并没有得到广泛认可，联邦政府支持创新的项目就缺乏与其经济重要性相称的广泛的公众支持。第三，对现有体系的预算支持还不够，并且不确定。对于那些更具合作性的研究和商业化努力的资助相对有限，同时，总的联邦研发支出水平从2003年以来一直在下降。这些下降趋势危及了整个美国创新体系。② 尤其是在2008年国际金融危机之后，由于政策制定者认为削减政府开支会刺激私人投资，导致那些过去对技术革命起到推动作用的国家机构预算减少，从2013年到2021年的联邦研发支出随着预算"自动减赤"的过程减少了950亿美元。③

（四）对我国的启示

一是继续发挥创新发展的制度优势。美国政府支持创新的体系虽

① ［美］弗雷德·布洛克：《被隐形的美国政府在科技创新上的重大作用》（下），张蔚译，《国外理论动态》2010年第7期。

② Fred Block and Matthew R. Keller, "Where do Innovations Come from? Transformations in The U. S. National Innovation System, 1970 - 2006", *The Information Technology & Innovation Foundation I*, July 2008, p. 19.

③ ［英］马里亚纳·马祖卡托：《创新国家——政府应该创建市场，不只是修复它们》，周岳峰译，《决策与信息》2015年第8期。

然具有多重优势，但是也存在过于分散化的缺陷，导致创新活动的重复性和无效益。社会主义制度本身是不断发展创造、不断改革的社会，能够为创新发展带来强大的制度保证，这一制度优势使中国的科学技术正呈现出加速创新发展的态势。① 特别是社会主义制度能够集中力量办大事的政治优势，可以使我们在比较短的时间内，取得关键性技术创新，促进国民经济发展。在科技体制改革过程中，应当坚持运用这一优势。因此，习近平总书记强调："我国社会主义制度能够集中力量办大事是我们成就事业的重要法宝。我国很多重大科技成果都是依靠这个法宝搞出来的，千万不能丢了！"②

二是发挥政府在创新领域的组织作用。弗雷德·布洛克和马修·R. 凯勒的实证研究反映了创新过程日益具有合作性质，美国政府机构、联邦实验室和研究型大学在私营企业创新活动中发挥了更大的作用。因此，在创新领域，要避免市场原教旨主义的陷阱。政府作用不应当仅仅局限于保持好的商业氛围、加强基础科学研究、培养科技人才等方面，应当制定积极的创新和技术政策，将政府机构、国家实验室、研究型大学、企业组织起来，支持和加快创新。在社会主义市场经济条件下，构建关键核心技术攻关的新型举国体制，形成推进自主创新的强大合力，就要让市场在资源配置中起决定性作用，同时更好发挥政府作用，加强统筹协调，大力开展协同创新。③

其一，政府可以采取风险投资的模式，获得前沿的发明和技术创新。美国政府支持创新的活动日益采取风险投资的模式。从1999年的中央情报局开始，许多美国政府机构建立了自己的风险资本运作体系。隶属于中央情报局的非营利性风险投资公司 In-Q-Tel，运营自己的网站，网站上列举了90%它所投资的新公司。能源部和巴特尔（Battelle）——大型非营利组织合作，一起管理该部门下属的一部分

① 辛向阳：《科学社会主义视阈下的五大发展理念》，《东岳论丛》2016年第6期。
② 《习近平关于社会主义经济建设论述摘编》，中央文献出版社2017年版，第136页。
③ 《习近平谈治国理政》第1卷，外文出版社2018年版，第126页。

实验室——这些实验室已经创立了自己的非营利风险资本分支，重点支持那些在实验室自身基础上建立起来的新公司。通过这些风险投资公司，政府机构可以投资其所需要的新技术的发展。①

风险投资的模式有利于政府挑选出前沿的发明并实现技术创新。美国政府的风险投资行为所面临的最大问题是政府往往要为投资失败付出代价，而即便投资成功也往往一无所获，获得政府风险投资的大公司通过避税的方式减少了政府的税收。而我国可以通过国有资本进行风险投资的方式以避免出现上述问题，既能够发挥国有资本在创业创新中的作用，同时能够保证产生的效益为公共利益服务。

其二，协调同一研发领域的国家实验室、大学研究机构、企业进行技术攻关。由于日益激烈的全球竞争缩短了技术的生命周期，以及新兴技术的复杂性超越了甚至是最大公司的内部研发能力，复杂的技术进步日益需要具有不同专业知识的多学科团队密切合作。政府扮演组织者的角色，加强研发领域的跨组织合作，既可以节约资金和资源，又增加了相关研发的竞争力，从而领先于外国竞争者。当前，需要健全国家实验室体系，资助大学设立研究中心，并促进其与工业企业的合作，加强相关领域学者的交流。

其三，政府应当采取有效措施，促进创新成果进入商业领域、变成产业活动。习近平总书记指出："创新必须落实到创造新的增长点上，把创新成果变成实实在在的产业活动。"② 为了加快新技术的商业化，相关政府机构可以为新技术的所有者主体提供各种商业联系、帮助他们获得所需资金、为其产品找到潜在客户。在新技术成熟之前，还需要为创造新技术可行市场清除障碍，特别是基础设施的障碍。此外，政府还应当将培养新企业作为目标，在培养未来产业上发挥作用。

---

① ［美］弗雷德·布洛克：《被隐形的美国政府在科技创新上的重大作用》（下），张蔚译，《国外理论动态》2010 年第 7 期。

② 《习近平关于社会主义经济建设论述摘编》，中央文献出版社 2017 年版，第 83 页。

　　三是坚持以人民为中心，汇聚创新发展的源源动力。由于党派冲
突和盛行的市场原教旨主义，美国联邦政府支持创新的发展主义活动
处于"隐形"状态，其培育创新的重要角色并没有得到广泛认可，
进而导致联邦政府支持创新的项目缺乏与其经济重要性相称的广泛的
公众支持，技术创新的成果也往往服务于大公司而不是公共利益。缺
乏广泛的公共支持限制了美国政府支持和加快创新的能力。我们是社
会主义国家，以人民需求作为创新发展的方向，围绕人民需求开展创
新活动，"把惠民、利民、富民、改善民生作为科技创新的重要方
向"①。政府的创新活动能够得到人民群众广泛的支持，激发人们从
事创造活动的热情，形成"大众创业万众创新"的大好局面，汇聚
创新发展的不竭动力。这也是我国在创新发展上的优势所在。

---

　　①　习近平：《论把握新发展阶段、贯彻新发展理念、构建新发展格局》，中央文献出
版社 2021 年版，第 272 页。

第三章 党领导下的政府与市场关系

中国共产党的领导是中国特色社会主义最本质的特征，也是中国特色社会主义制度的最大优势。在中国，任何一个重大的制度设计，都离不开党的领导制度体系，社会主义市场经济体制是在党的领导下建立、完善和发展起来的。在社会主义市场经济条件下，政府的作用应当包括党领导经济的路线方针政策，以及思想理论、价值观念、道德规范等。党政有为是社会主义市场经济的本质要求和制度优势，是推动中国经济发展的强大动力。市场有效、党政有为是中国经济成功的关键。[①]

第一节 政党制度与政府的经济职能

一 我国的政党制度与政府的经济职能

正如有学者所指出的，大多经济学文献的研究往往会得出结论：要求政府具有政治意义上"最优"的支出水平、经济意义上"最佳"的职能范围。这些结论忽略了现实政治因素的影响，与现实世界中的政府经济职能大相径庭。[②] 在很大程度上，除了受融资难易程度的约束，诸如宪法和财政规则等政治因素决定着现实世界中的政府经济职

---

① 张宇：《党政有为是社会主义市场经济的本质要求》，《经济导刊》2014 年第 5 期。

② ［美］坦茨：《政府与市场：变革中的政府职能》，王宇等译，商务印书馆 2015 年版，第 341 页。

能。所有定义明确的政府职能，比如资源配置和收入分配，都会受到政治因素的直接影响，甚至那些定义不明确的职能，比如促进经济增长和增加就业，也会受到影响。在政治因素影响下，决策者抵制不同集团要求的难度就有可能增加或降低，从而影响政府经济职能。有别于两党制或多党制，我国新型的政党制度，特别是党的领导，有利于社会主义市场经济发展。

（一）党的领导为社会主义市场经济发展创造了稳定的环境

政党在现代化中的地位和作用，在很大程度上影响着各个国家现代化的发展道路和发展模式。尤其对后发型现代化国家而言，现代化意味着一个社会在体制结构、行为方式和文化价值等方面急剧而深刻的变革，这种变革必然导致各种失范、失序、失控和失衡现象。政党则发挥着后发外生型现代化推动者和倡导者的角色，破坏旧的政治秩序，创造新的政治秩序，是社会是否稳定的决定性因素。伴随着中国改革开放的深化和社会主义市场经济的推进，经济和社会结构的快速变化，一些不稳定因素也随之出现。各个领域也存在着一定的矛盾和冲突，特定条件下还有可能激化。正是因为有了党的坚强领导，在社会主义市场经济条件下，我国才能够创造经济快速发展和社会稳定的奇迹。而这样一种核心性的稳定功能在大发展、大变革、大调整的今天仍然需要维持和强化。

（二）党的领导能够防范和避免利益集团的影响

美国经济学家奥尔森在《国家兴衰探源》一书中提出了特殊利益集团的概念，他认为，只代表一小部分人利益的特殊利益集团本质上是一种寄生性质的"分利集团"。他们不顾自己的行为对全社会造成的巨大损失，只希望坐收渔利。[①] 从世界范围来看，由于利益集团的存在，很多实行市场经济国家的政党和政府被利益集团所控制，成为一个或几个利益集团的代言人，既阻碍市场资源配置作用的发挥，同

---

① ［美］曼库尔·奥尔森：《国家兴衰探源》，吕应中等译，商务印书馆1999年版，第51—52页。

时导致贫富差距的持续扩大，甚至造成严重的社会矛盾。

中国共产党是现代化的强有力的组织者、动员者和领导者，通过路线、方针、政策、中央的指示、决议、调查研究来直接或间接影响政府与市场，从而控制资源配置。[①]党的调控功能可以弥补政府和市场的缺陷，并且党有政治意志和能力领导政府以符合人民利益的要求来对经济进行宏观调控，能够防范和避免利益集团的影响。而之所以能够如此，从根本上讲，源自于党的性质和宗旨。中国共产党是全心全意为人民服务的政党，没有自身的特殊利益，坚决反对利益集团的存在。这样一个防范和摆脱党派私利的政党，在社会主义市场经济条件下，就能够以最宽广的胸怀为最广大人民谋利益、整合各种政治诉求、防范和避免利益集团的影响。而党领导下的政府，也就能够公平对待所有的市场经济主体，使其具有平等发展的机会，这体现了社会主义市场经济的先进性。

国家治理要以具有先进性、纯洁性为本质要求的共产党作为领导力量。推进国家治理现代化在任何情况下都不能脱离党的领导，一个能够在发展社会主义市场经济条件下不断防范政治逻辑市场化的共产党是推进国家治理体系和治理能力现代化的最根本基础。[②]

（三）我国的政党制度可以更有效地发挥政府经济职能

中国共产党领导的多党合作和政治协商制度是我国的一项基本政治制度，能够发展充满活力的政党关系。中国共产党和各民主党派之间是亲密友党的关系，不存在竞争和冲突，没有党派斗争的制约，政府的经济职能可以更有效地得到发挥。

1956 年，毛泽东在《论十大关系》中首次提出了中国共产党与各民主党派"长期共存，互相监督"的方针，认为"究竟是一个党好，还是几个党好？现在看来，恐怕是几个党好。不但过去如此，而

---

①　咸台昱：《中国政党政府与市场》，经济日报出版社 2002 年版，第 6—7 页。

②　辛向阳：《从人类政治演进规律看中国的国家治理》，《理论探讨》2015 年第 2 期。

且将来也可以如此，就是长期共存，相互监督"①。这一方针在改革开放新时期又有了新的发展，拓展为"长期共存、互相监督、肝胆相照、荣辱与共"。党领导下的多党合作和政治协商制度，与西方国家的两党制和多党制不同，也有别于一些国家实行的一党制，是一种新型政党制度，基本特征是"共产党领导、多党派合作，共产党执政、多党派参政"。旧式政党制度只能代表少数人、少数利益集团，只有一个党派会缺乏监督，多党派则会导致恶性竞争，囿于党派、阶级、区域和集团利益会导致社会撕裂。我国新型政党制度能够避免旧式政党制度的种种弊端，真实、广泛、持久代表和实现最广大人民的根本利益；能够把各个政党和无党派人士紧密团结起来，为了共同目标而奋斗；能够通过制度化、程序化、规范化的安排集中各种意见和建议，推动实现决策科学化民主化。②

我国具有协商民主的深厚文化渊源，习近平总书记明确指出，天下为公、兼容并蓄、求同存异等优秀政治文化是协商民主的来源之一。③这种优秀政治文化体现在经济制度治理上，就是发展由国有资本、集体资本、非公有资本等交叉持股、相互融合的混合所有制经济。④通过政党协商这一重要的民主形式和制度渠道，可以就经济社会发展的各类问题进行广泛协商，凝聚共识、智慧和力量。民主党派和无党派人士可以通过丰富的形式，在日益健全的协商规则下，向中共中央提出有关经济社会发展的建议，决策部门能够广泛听取意见和建议，接受批评和监督，从而使得最终决策建立在广泛共识的基础之上，有效避免了其他国家党派之间为了自身的利益相互竞争甚至相互倾轧。同时，也可以广泛形成及时发现和改正失误的机制，从而提高决策的有效性。

---

① 《毛泽东文集》第7卷，人民出版社1999年版，第34页。
② http：//news. youth. cn/sz/201803/t20180304_ 11468285. htm.
③ 《习近平谈治国理政》第2卷，外文出版社2017年版，第293—294页。
④ 辛向阳：《习近平国家治理思想的理论渊源》，《当代世界与社会主义》2014年第6期。

二　西方政党制度与政府的经济职能

（一）西方政党制度阻碍了政府有效发挥经济职能

西方国家的两党制或多党制，都是建立在党派私利的基础之上。党派之间在竞争中，均维护各自的党派私利，其实质是利益集团的博弈。恩格斯在 1891 年就一针见血地指出："正是在美国……政治家们都构成国民中一个更为特殊的更加富有权势的部分……这些人把政治变成一种生意……他们轮流掌权，以最肮脏的手段来达到最肮脏的目的……实际上却是对国民进行统治和掠夺。"[①]

对于实行选举民主的西方国家而言，由于需要选民们足够的选票和竞选赞助人的资金支持才能当政，他们的需求对政策制定者会产生较大影响。这些需求也反映了选民的个人利益或阶级利益。[②] 一些特定群体（院外游说者）由于掌握了大量信息和拥有强大的影响力，从而能够力推某些政策。一些力量争取到越来越多的政治权力，从而利用政府的力量来推动有利于自身的社会变革。因此，政府干预经济就不可避免地被政治集团、利益集团、寡头统治集团所支配，产生寻租行为，偏离公众利益。

西方的政党由于利益集团化而日益衰败，一个普遍现象是：一些政府官员同时是大的跨国公司的经理或总裁。政党成为"有限公司"，为其捐款者服务。在两党制或多党制的条件下，反对政府干预市场，是党派妥协的结果，形成了政府减少干预经济的政治安排，实质上是政党政治的分赃体制。执政党经济政策获得成功，就会获得相应的政治回报，拥有一定的民意基础，从而在下一轮的选举中受益。在野党因之寻找各种冠冕堂皇的理由反对执政党政府干预经济，其实就是防止执政党利用资源和权力推动经济政策，以获取更大的政治权

---

① 《马克思恩格斯文集》第 3 卷，人民出版社 2009 年版，第 110 页。

② ［美］坦茨：《政府与市场：变革中的政府职能》，王宇等译，商务印书馆 2015 年版，第 7 页。

力。① 由于党派私利，政党之间形成了政府减少干预经济的政治安排，无疑阻碍了政府经济职能的有效发挥。

这种由于党派分赃而形成的反对执政党干预经济的安排，在美国政府的科技政策中得到了鲜明体现。政府的科技政策服务于党派利益，而市场原教旨主义则充当了两党政治斗争的工具。两党实际上都为发展主义政策提供高水平的支持，以争取重要商业集团成为同盟的成员，同时又以市场原教旨主义为借口反对对方。执政党必须为发展主义政策提供高水平支持，拉拢重要的商业团体。同时，还作出一定的姿态表明，这样做是为了保证科技进步，从而免于原教旨主义者和在野党的攻击。在野党则强烈反对政府的发展主义政策，既可以借机攻击执政党是大政府永远支持者的立场，还可以阻止执政党通过扩大研发计划获得商业联盟。因此，两党实际上均支持发展主义政策，只不过受党派竞争和冲突的影响，在处于执政党或在野党不同地位的时候而采取了不同的策略。

（二）美国的两党均受制于强大的利益集团

美国的两党都受制于强大的利益集团，并不代表选民的利益。这些利益集团的控制力非常强大，可以扼杀包括农业补贴、银行监管在内的合理政策，把税法弄成充斥特权的一团糟，使非人格化的公共行政难以实现。②

美国最高法院对巴克利诉法雷奥案和联合公民诉联邦选举委员会案的裁决，取消了利益集团参与竞选活动的现金限额，使得美国政治中的权钱交易合法化。利益集团可以采取合法的方式影响国会议员，只需要先捐款，然后坐等不确定的回报。华盛顿的利益集团和游说集团的数量增长惊人，从1971年的175家注册游说公司，上升到十年之后的2500家；到2013年，注册的说客高达12000多人，花费超过

---

① 黄树东：《制度与繁荣》，中国人民大学出版社2018年版，第361页。

② ［美］福山：《政治秩序与政治衰败：从工业革命到民主全球化》，毛俊杰译，广西师范大学出版社2015年版，第443页。

32 亿美元。利益集团和游说集团的活动在很多领域扭曲了美国的公共政策，其一，美国名义上的企业所得税，比其他发达国家高得多，但很少有公司的实际缴税这么高，因为它们通过交涉为自己得到特殊的豁免和好处；其二，立法过程受到利益集团干预。即便利益集团没有强大到足以重塑整个立法，至少也可以借机保护自己的具体利益。比如美国 2010 年的《平价医疗法》，因为不得不对形形色色的利益集团作出妥协和让步，在立法过程中变得臃肿不堪，文本长达 900 页。其三，利益集团会阻止那些可能损害自己利益的立法通过，即使立法符合公众利益。① 2008 年国际金融危机后，美国颁布了一部复杂的金融改革法案，某些金融机构派出了实力强大的政治游说团体并为其提供活动资金，试图影响那些赋予法案实质内容的规章。发挥有效监督的前提是监管机构不受政治干预，不受利益集团的影响。因此，美国关于金融监管的法案和机构都受到了利益集团的影响，无法发挥有效的监管作用。

美国联邦政府在创新领域发挥了重要作用。一方面虽然新自由主义思想在过去 30 年来一直在美国政治意识形态中起主导作用，但是联邦政府实际上推动了美国国家创新体系的根本性变革，发挥针对性资源、开放窗口、经纪、助长等发展主义网络化国家的四大主要功能，通过国家的技术政策深深地介入了其商业经济的各个环节。另一方面，党派冲突、30 年来盛行的市场原教旨主义导致了美国发展主义国家隐形。② 这种发展主义国家的隐形，也充分说明政府干预经济是一种客观需要，但是这种客观需要受制于意识形态和党派竞争、冲突，干预的效果往往偏离原本的政策目标，导致政府失灵。

美国政府的很多政策没有通过直接的、高度透明的立法来实施，而是通过间接和被动的机制来执行（如减免税收），这一"隐性政

① ［美］福山：《政治秩序与政治衰败：从工业革命到民主全球化》，毛俊杰译，广西师范大学出版社 2015 年版，第 436—437 页。

② ［美］弗雷德·布洛克：《被隐形的美国政府在科技创新上的重大作用》（下），张蔚译，《国外理论动态》2010 年第 7 期。

府"的结构加重和扩大了社会不平等，受益者是那些拥有强大游说能力的利益集团和中上阶层。2011 年，雇主提供的医疗保险免税额、养老金的免税额分别达到了 1770 亿美元和 671 亿美元，住房贷款的退税额达到了 145 亿美元。受益最多的是金融、地产和保险这三大行业，其雇主为巩固和加强他们的特权付出了大量系统性的政治献金。[①]

从美国隐性政府的决策运作过程也可以看出，对于"政府失灵"现象的分析，不能盲目得出政府不应当干预的结论，而应当探究失灵现象背后的真实动因，即究竟是源于技术性原因，还是深层次的制度性困境。

第二节　党的领导与更好发挥政府作用

一　中国共产党在社会主义市场经济条件下显示了强大的适应能力

对肩负着领导责任和在经济发展中发挥重要作用的中国共产党而言，在社会主义条件下引入市场机制，既是一项伟大创举，也是一项充满挑战的事业。改革之初，不仅在国内遭到深受传统观念和主观偏见束缚的人的反对，也遭到国外政治精英和理论界的质疑。英国前首相撒切尔夫人曾经说过社会主义和市场经济不可能兼容，认为中国共产党无法适应市场经济。基于列宁主义理论[②]，一些海外学者认为，作为一个列宁主义政党，中国共产党无论如何无法在市场经济中存活，二者具有不可兼容性。列宁主义理论认为，从本质上看，列宁主义政党是一个脆弱的政治组织，且对组织成员"超个人化"要求具有不可持续性，因此基于组织整体性之上的政治合法性十分脆

[①]　［美］戴斯蒙德·金：《美国的隐性政府：隐藏国家的代价》，张国华译，《国外理论动态》2013 年第 3 期。

[②]　特指西方学者在对以苏联共产党为原型的前社会主义政党研究过程中形成的一种理论分析工具，强调列宁主义政党严密的组织纪律、森严的等级结构、僵化的意识形态以及对国家和社会的持续主导。

弱。此外，列宁主义政党缺乏适应能力，使得它难以应对社会环境的变化。^① 因此，在市场化经济改革中，中国共产党维系意识形态和组织纪律的能力都会被削弱。市场经济与中国共产党之间的冲突最终将导致党的衰落甚至崩溃。

从我国实际情况来看，在社会主义市场经济发展和完善的过程中，中国共产党确实面临着多重挑战和风险。从计划经济转向社会主义市场经济，逐步打破了中国在计划经济体制下的二元社会结构。在新的经济体制下，非公有经济成分的合法存在造就了多元的社会结构，随着经济改革的进一步深化，社会阶层分化更加剧烈，利益团体的规模越来越大。社会生态环境的每一点变化都向政治系统提出了不同的政治要求，客观上推动着政治体系的变革。随着社会转型向纵深拓展，对党的领导也提出了更高的要求。如果不能有效地变革社会、及时完善自我以适应环境，逐步积累的问题就会影响党执政的效果，甚至动摇党的执政地位。

第一，利益整合与扩大政治参与的挑战。在计划经济体制下，党员群众都在国家的组织中生活，党的组织和领导主要是通过从上到下组织严密的单位和部门来实施的。随着市场经济的发展，我国所有制结构发生重大变化，出现了许多新经济组织和新的社会活动领域，人们在就业和生产经营方面的流动性比过去大大增强。由于劳动性质、就业方式、收入分配等条件的变化，不同地区、不同部门、不同职业、不同方面群众的具体利益也就有着一定甚至悬殊的差别。在这种情况下，党如何更好地代表全体人民的根本利益和不同社会群众的具体利益，如何处理好效率和公平的关系，就成为一个关系到党的领导能否有效实施的重大问题。

随着市场机制在资源配置方面的重要性不断提升，社会主义市场经济的发展必然导致社会结构发展多元化、利益群体组织的层级化和

① 闫健:《中国共产党转型与中国的变迁:海外学者视角评析》，中央编译出版社2013年版，第86页。

社会综合治理的复杂化。人们建立在利益基础上的自主意识和民主意识随之增长，其需要也从基本物质层面逐步上升到包含政治民主诉求的新领域，政治参与的热情空前高涨。这一变化要求逐步扩大社会各方面对政治过程的参与，对党和政府也提出了更高的要求。党和政府只有正视这种社会变化，主动积极回应不同社会阶层的民主利益诉求，建立健全不同利益诉求正常的合法渠道，把民众利益诉求纳入制度化、民主化、科学化的轨道，才能加强和改善党的领导，实现经济发展和社会稳定。

第二，社会主义市场经济对法治的内在要求。市场经济本质上是一种法治经济，社会主义市场经济的法治化进程客观上要求党的执政方式的法治化。在市场经济条件下建设社会主义，社会政治、经济不断出现各种新情况、新问题，社会各个阶层、各个集团利益关系趋于复杂化，这需要执政党合理处理各种利益矛盾、保证社会和谐安定发展。公正地保护各个阶层的成员利益，合理地调整社会各个阶层、各个集团、各个地区相互间的利益关系，必然要求党改进执政方式，实行依法执政。依法执政是依法治国的首要环节，只有党依法执政，才能保证政府真正做到依法行政，才能保证司法机关真正做到司法公正。依法执政，既是依法治国、建设社会主义法治国家的要求，也是提高党的执政能力的要求。坚持依法执政反过来又可以有力地推进依法治国的进程。

第三，形成于计划经济体制下的党的执政方式存在一定弊端。党的执政方式萌芽于革命战争年代，形成于原有的计划经济体制之下，在历史上曾经发挥过重要作用。但是在社会主义市场经济条件下，党原有的执政方式中的问题就凸显出来。一是把党对国家和社会生活的领导同执掌政权长期混同，习惯于用领导来代替执政，权力过分集中于党的组织；二是对党和政府的职能不加区分，实践中常常出现以党代政的情况；三是习惯于用革命战争年代的政治动员方法来领导经济建设和组织社会活动，缺乏现代领导方式、先进执政理念和法治规范。党过多地干预政府的日常管理工作，包揽国家和社会事务，分散了党对路线、方针的注意力和精力，削弱了党对国家和社会的总的政治领导，影响党的领导的整体效能。国家机关则因为党政不分、以党代政，从而缺乏自主性，难以负起应有的职责，不易形成正常高效的运作状态和完善的制度。这种公共权力的运行方式，也缺少对权力的监督和权力间的相互制衡，容易造成官僚主义和腐败行为。

与列宁主义理论的逻辑相反，中国共产党不仅没有崩溃，反而在引入市场机制的过程中显示出强大的适应能力。一些海外学者把这种适应能力归结为党的制度化和对精英的吸纳。制度化的努力包括任期制、退休制以及决策制度的推行，体现了党内精英政治的规则化。特别是党内最高权力的和平交接，对党在市场经济条件下的适应能力具有极其重要的意义。对精英的吸纳包括两个方面，一方面是"技术官僚"被吸纳到决策层，即越来越多具有专业背景和知识技能的党员成为经济改革的领导者，党的干部逐步实现年轻化和知识化；另一方面是对包括技术、专业和商业在内的新社会精英的吸纳，使得党领导的政治体系更具"包容性"。①

党的制度化和对精英的吸纳只是中国共产党适应社会主义市场经济能力的一部分，关键是在驾驭社会主义市场经济的过程中实现了执政方式的深刻转变。作为在对外开放和实行社会主义市场经济条件下领导国家建设的党，适应历史方位发生的巨大变化，及时提出了科学执政、民主执政、依法执政的理念，不断改进和完善执政方式，切实提高党的执政能力，从而在社会主义市场经济条件下显示出强大的适应能力。特别是党的十八大以来，适应经济社会发展的新形势、新要求，党的领导制度更加丰富和完善，通过一系列的重要举措，总揽全局、协调各方的党的领导制度体系日益健全，有力地推动了国家治理体系和治理能力现代化。

---

① 闫健：《中国共产党转型与中国的变迁：海外学者视角评析》，中央编译出版社2013年版，第105—117页。

二　持续推动党和国家机构改革，促进政府职能转变

任何一种制度都有可能衰败，只要制度的具体运作出了问题。任何一个国家想要避免政治制度的衰败，都必须不断改革、不断革除弊端，从而保证制度有效运转。改革开放四十年来，中国政府一直保有强政府的态势，但同时又避免了其他东亚国家强政府所带来的种种弊端，推动经济社会以前所未有的速度发展，原因在于中国持续推进改革。持续改革的动力来自执政的中国共产党强力推动，通过持续和逐步深化改革，在理顺政府与市场关系方面取得重大突破，促进政府职能转变。

我国党和政府的关系主要体现在以下三个方面：一是政府通过相应的组织体系把党制定的重大方针政策具体化。政府应当在党的路线方针指导下制定涉及国家发展的重大战略，不能偏离党的基本路线。二是政府部门应按照自身运行的规律去做好各项具体工作，党对于这些具体工作不进行干预。三是对于政府部门的工作，党组织可以从宏观上、政治上进行监督。① 党政职能不分会减弱政府的制度供给力量，影响政府发挥高效的功能，会导致以政策创新为主导的政府与制度变化中市场的协调失灵状态。政治改革滞后，会助长官僚主义、腐败现象，阻碍市场在资源配置中决定性作用的发挥；盲目进行政治体制改革，则可能使社会变革失去控制。因此，必须在党的领导下，按照社会主义制度的要求，探索具有中国特色的政治体制改革的目标和方式，并在市场化过程中稳步推进政治体制改革，有效化解政治生活中的各种矛盾。通过政治体制改革，建立一个公正、廉洁、高效、权威、民主和强有力的政府，克服腐败现象，更好发挥政府作用。

适应现代市场经济发展，转变党的领导职能，改革党的领导机构，就是要把党的领导的各个方面都转向促进社会主义市场经济发展

---

① 辛向阳：《推进国家治理体系和治理能力现代化的三大路径》，《江西社会科学》2014 年第 2 期。

的轨道上来，为社会主义市场经济的健康发展创造有利的舆论力量、组织力量和政治、社会环境。① 改革开放以来，适应社会主义市场经济条件下政治、经济、社会生活对党政关系的内在要求，我们党围绕党政职能分开进行了一系列的体制创新，积极推进党和国家机构改革，逐步优化、规范各方面机构职能。

（一）十八大以前的党和国家机构改革

新中国成立后，党面临的形势和任务发生了根本性变化，特别是1956 年社会主义改造基本完成以后，领导经济建设成为党的主要任务。为此，以毛泽东同志为主要代表的党的第一代领导集体对领导体制进行了一系列调整，力图纠正党政不分、以党代政的体制弊端，理顺党政关系。但由于种种原因，针对领导体制改革的种种探索和努力都没有落实到制度层面，没有取得真正实效。

邓小平认为党和国家的领导制度、干部制度主要的弊端就是"官僚主义现象，权力过分集中的现象，家长制现象，干部领导职务终身制现象和形形色色的特权现象"②。针对这些党和国家领导制度、干部制度的弊端，他提出，政治体制改革的内容，"首先是党政要分开"，"第二个内容是权力要下放"，"第三个内容是精简机构"。③1980 年，邓小平指出："着手解决党政不分、以党代政的问题。……这样做，有利于加强和改善中央的统一领导，有利于建立各级政府自上而下的强有力的工作系统，管好政府职权范围的工作。"④

党政不分带来了一系列弊端，比如：重复决策，效率低下；政出多门，容易导致内耗；管理机构和干部队伍庞大等。在经济体制改革过程中，这些弊端充分暴露出来。因此，从 20 世纪 80 年代开始，特别是党的十三大以后，开始强调实行"党政分开"，推动党的领导方式向规范化转变。"党政分开"，是指二者在职能上分开，党对政府

---

① 包心鉴：《论我国经济市场化进程中的机构改革》，《南京社会科学》1998 年第 3 期。
② 《邓小平文选》第 2 卷，人民出版社 1994 年版，第 327 页。
③ 《邓小平文选》第 3 卷，人民出版社 1993 年版，第 177 页。
④ 《邓小平文选》第 2 卷，人民出版社 1994 年版，第 321 页。

的领导，主要是政治领导，即国家法制、政治原则、政治方向和重大决策的领导，就是通过自己在最高国家权力机关的政治地位和有效工作，使党和人民的意志上升为国家的法律，使党的主张转变为政府的决策，使党推荐的干部可以通过法定程序担任国家和政府的重要领导职务。在工作和活动方式上，更多的是通过发挥党员的先锋模范作用以及党组织的向心力、中坚作用来实现党的领导。

1978 年以后，党和国家的工作重心逐渐转移到经济建设上来，为适应复杂的国际国内形势，党中央主动发起并推动政府机构改革。这种政治改革与 1978 年以前的被动调整不同，是党中央主动求变，目的是促进中国经济改革，在新形势下加强和改善党的领导。从 80年代市场的引入和扩张，到 1992 年党的十四大提出建立社会主义市场经济体制，直到 2001 年中国加入 WTO 后更加深入地融入世界经济，中国经历着持续不断的变革。适应这种任务的变化，党在 1982年、1988 年、1993 年、1998 年、2003 年和 2008 年先后发起了几轮政府机构改革，改革的主要内容是提高效率，调整职能。

"党政分开"的目的是从根本上加强和改善党的领导，增强驾驭社会主要矛盾、总揽国家全局的意识和能力。① 理顺党政职责，既有利于党集中精力研究、掌握大政方针和抓党的建设，也有利于国家机关更好地履行其职能。但是，由于一个时期片面理解和执行党政分开，党的领导反而在一些领域出现不同程度弱化，党的机构设置和职能配置不够健全有力。

（二）十八大以来的党和国家机构改革

适应统筹推进"五位一体"总体布局、协调推进"四个全面"战略布局的要求，新时代更加注重运用辩证思维进行战略谋划，通过全面、系统、联系的方式，党和国家机构改革进一步深化。出台的很多改革方案，都涉及党和国家机构改革，在一些重要领域和关键环节取得重大进展，党的领导体系、政府治理体系更加健全。十八大以来

---

① 朱光磊：《当代中国政府过程》，天津人民出版社 2002 年版，第 62—68 页。

的党和国家机构改革，具有两个方面的突出特点：一是着眼于坚持和加强党的全面领导，坚持和完善党的领导制度体系；二是更加注重统筹设置党政机构，实现职能优化协同高效。

党的领导制度得以加强和完善。以习近平同志为核心的党中央，全面加强党的领导和党的建设，焕发出蓬勃的生机和活力，使党的领导制度得到全面加强和完善。党的十九届三中全会提出"完善坚持党的全面领导的制度"，十九届四中全会提出"坚持和完善党的领导制度体系"。通过一系列重要举措，构建起了发挥党总揽全局、协调各方的党和国家机构职能体系。

通过党和国家机构的改革，促进职能优化协同高效。党的十九大提出了深化党和国家机构改革的战略任务，十九届中央委员会第三次全体会议指出，与实现国家治理体系和治理能力现代化要求相比较，党和政府机构设置和职能配置还存在不相适应的方面，即党的机构设置和职能配置不够健全有力；政府机构设置和职责划分不够科学、职责缺位和效能不高；党政机构重叠、职责交叉、权责脱节。

转变政府职能，始终是党和国家机构改革的重要任务。也正是改革开放以来党持续推动党和国家机构的改革，才能够逐步破除体制机制弊端，使得市场在资源配置中的决定性作用得以逐步实现，政府机构的职能得到更好发挥。当前要推动高质量发展，建设现代化经济体系，仍然要继续深化党和国家机构改革，优化机构设置和职能配置。

三　科学执政，建设有效性政府

科学执政，是指执政要尊重和符合客观规律，以科学的思想、科学的制度、科学的方式配置和运用国家权力，把加强党的执政能力建设建立在更加自觉地运用客观规律的基础之上。执政方式的科学化是对党的执政方式的总体要求，执政方式的科学与否不仅关系到党具体的执政活动的有效性，而且关系到党的执政目标能否实现以及实现的程度。

科学执政必须尊重和符合客观规律。政治权力的运作有其内在要求和客观规律，不以人的意志为转移。权力运用得好坏，直接关系到执政的成败。运用得好，就能推动经济社会发展；运用得不好，不但会加大执政成本，降低执政效率，阻碍经济社会发展，甚至会带来灾难性后果。我们党能够从国家发展和民族复兴的长远目标出发，能够从人民群众的根本利益出发，主动而积极地探索执政的客观规律，并严格按照客观规律办事。把执政行为建立在尊重客观规律、符合客观规律的基础上，使党的执政基础更加巩固，执政决策更加科学，有利于科学定位政府职能、促进政府公共政策的合理性和有效性。

（一）科学定位政府职能

政府职能定位不当导致政府失灵，具体表现在两个方面。第一，政府任意扩大自己的职能范围，滥用政府权力，干预过度。现代市场经济中政府干预、调控、管理经济的职能应该是有限度的、受到约束的。但政府在实现其职能的过程中，由于受到"政府万能"思维定式的影响，却往往扩大其职能范围，恣意运用政府权力，从而损害市场正常运行的机理，进而致使市场运行混乱，加剧资源配置的失衡、失效。第二，政府干预不足。政府所实行的调控范围小，力度不够，难以弥补市场失灵和维持市场经济的正常运行。政府职能需要随着经济社会的发展进行动态调整，或者增强某些领域的职能，或者削弱某些领域的职能。如果不能适应变化进行调整，就会带来市场失灵。除了以上两个方面以外，政府干预市场的一些政策和手段还可能因为存在相互牵制，难以实现预期效果。

作为政府对经济生活干预的基本手段，相较于市场决策，公共政策的制定和执行更加复杂，在面临着多重难题的情况下，政府如果不能制定并执行合理的公共政策，就会导致公共政策失效。由此，不仅不能起到弥补市场机制的作用，反而加剧了市场失灵，导致了更大的资源浪费，甚至会引发社会灾难。

科学定位政府职能，才能够避免因职能定位不当导致的政府失灵。首先要加强制度建设。党和国家机构职能体系是中国特色社会主义制度的重要组成部分，改革开放以来，党和国家机构改革持续推进，建立起了适应社会主义市场经济条件下的机构职能体系。要使市场在资源配置中起决定性作用、更好发挥政府作用，一个重要的前提是科学设置机构、合理配置职能、统筹使用编制、完善体制机制。通过加强制度建设，在决策、执行、监督过程中进一步规范党和人民政府的关系，用好党和政府的宏观调控、产业政策、货币政策等，从而更好发挥市场在一般资源配置领域的决定性作用。其次，认识和把握市场经济的一般规律和社会主义市场经济的特殊规律。强调要科学认识和把握中国特色社会主义规律是党科学执政的重要体现，我们党对市场经济一般规律和社会主义市场经济特殊规律的科学认识和把握，有利于科学定位政府职能。遵循市场决定资源配置的市场经济的一般规律，政府大幅度减少对资源的直接配置，重点解决干预过多和监管不到位的问题。提出"使市场在资源配置中起决定性作用"，推动政府职能加快转变，重点转向营造公平竞争市场环境、保护生态环境、支持创新等方面，激发经济发展的动力和活力，更好发挥党和政府的积极作用。

（二）促进政府公共政策的合理性和有效性

中国共产党以马克思主义科学理论为指导，同时紧密结合国情，根据时代的发展，不断完善和发展中国特色社会主义理论体系，遵循客观规律，不断深化对共产党执政规律、社会主义建设规律、人类社会发展规律的认识，党的执政建立在更加自觉运用客观规律的基础上。规律与能力具有内在的逻辑联系。遵循规律，就能提升能力，就能进步、成功；违背规律，就会削弱能力，就会倒退、失败。在不同历史时期，我们党结合时代特点，总结经验，遵循三大规律，科学制定和实施党的理论、路线和方针政策，不断提升科学执政的能力和水平。

中国共产党每次代表大会都是在不同的发展阶段，根据当时的经济社会发展形势，有针对性地提出与之相适应的发展战略，逐步推动中国的市场化进程发展，为正确处理政府与市场关系解除意识形态的束缚提供理论指导。中国共产党关于政府与市场关系的理论，不是西方理论模式的翻版，而是立足于中国社会主义市场经济的实践，能够及时反映生产力和生产关系发展的新要求，协调理论和实践的矛盾，为正确处理二者关系提供理论指导和强大动力。

党领导下的政府遵循科学的理论、路线和方针政策，政府行为就会遵循经济社会发展规律，提高效率、降低成本。政府在制定公共政策过程中，注重把握和运用规律，就相应地提升了公共政策的合理性和有效性，从而更好弥补市场失灵。此外，通过改革干部人事制度，建设善于治国理政的高素质干部队伍。党管干部、党管人才是两条重要原则，把政治上靠得住、工作上有本事、作风上过得硬的干部选拔到各级领导岗位上，把党政人才、企业经营管理人才、专业技术人才聚集到党和国家各项事业中，有助于提升政府公共政策的合理性和有效性。

四　民主执政，建设人民满意的服务型政府

政府部门及其官员追求自身的组织目标或自身利益而非公共效益或社会福利，这种现象被称为内在效益或内部性。内部性被认为是政府失灵的重要原因，也是政府扩张及低效的根源。部门主义的存在，使得政府的合法性受到挑战。在改革过程中，部门利益问题在我国政府机构中同样广泛存在。一些部门在决策过程中，将本部门利益置于公共利益之上，所作出的决策就缺乏全局性和前瞻性，不仅无益于社会公正与大众利益，而且会使国家经济和政治面临一定风险。

政府在发挥其经济职能的过程中，有可能产生权力与资本合谋、权力与利益交换的权力市场化倾向。政府的权力如果无法随着经济发展阶段和市场成熟度的变化而适时退出，制度安排会长期被锁定在低效率均衡状态。世界上一些国家（拉美和东南亚国家）因为其无处不在、极为强势的趋利性政府，对经济社会发展带来了极大的危害。我们应当吸取这些由权贵控制和主导的市场经济国家落入发展陷阱、现代化进程中断的惨痛教训。

避免内部性以及权力市场化倾向，有赖于民主执政，建设人民满

意的服务型政府。对于一个拥有十几亿人口、发展不平衡不充分的大国而言，如何让人民普遍和广泛地参政议政，对执政党是一个巨大考验。必须积极稳妥地推进民主政治，符合当今时代发展的潮流，以适应社会主义市场经济的需要。没有民主，党的执政就没有牢固的根基，也不可能赢得人民的长期支持和真心拥护。同时还应当看到，民主和一个国家的国情、社会的发展阶段密切相关，民主的推行和发展也没有固定的模式。

民主执政是马克思主义政党的本质要求。中国共产党是无产阶级政党，代表中国最广大人民的根本利益，党的根本宗旨就是全心全意为人民谋利益，除了人民群众的利益之外，党没有自己的特殊利益。我们党反复强调，人民民主是社会主义的生命，没有民主就没有社会主义。党执政就是要领导和坚持人民当家作主，维护和实现人民群众的根本利益。为人民执好政就是要从政治上保障人民参与管理社会事务，使公民在与切身利益相关的公共事务上享有参与权，即"扩大公民有序的政治参与"，"保证人民享有广泛的权利与自由"，"保证基层群众依法行使选举权、知情权、参与权、监督权等民主权利"。[①]党的所有重大决策都是从人民利益这一根本立场出发的，建立在广泛的民意基础之上。在革命、建设和改革的每个历史时期，都能够从人民需要出发创新理论、确定发展方向、明确发展目标、制定相关政策。改革开放以来，我们党坚持走中国特色社会主义政治发展道路，发展社会主义民主政治，民主范围和途径持续拓宽，内容和形式不断丰富，保障了人民享有更多更切实的民主权利，正如习近平总书记所指出的："我们走的是一条中国特色社会主义政治发展道路，人民民主是一种全过程的民主。"[②]我国在党领导人民民主实践的基础上，形成了社会主义民主的两种重要形式：选举民主和协商民主[③]，两种

---

① 《十六大以来重要文献选编》（中），中央文献出版社 2006 年版，第 280—281 页。

② 《党的二十大报告辅导读本》，人民出版社 2022 年版，第 32 页。

③ 《习近平谈治国理政》第 2 卷，外文出版社 2017 年版，第 293 页。

民主形式相互补充、相得益彰，在党的领导下，保证和坚持人民当家作主真正落实到国家政治生活和社会生活之中。人民既在选举时有投票的权利，在日常政治生活中也有持续参与的权利；既有进行民主选举的权利，也有进行民主决策、民主管理、民主监督的权利。两种民主形式的结合也避免了形式主义的民主，即民众只有投票的权利而没有广泛参与的权利。

社会主义协商民主是中国社会主义民主政治的特有形式和独特优势。[①] 社会主义市场经济条件下，在党的领导下，有关经济社会发展的重大问题、涉及群众切身利益的实际问题，都可以在全社会开展广泛协商。不同利益主体之间相互协商，在考虑到不同利益要求的条件下求同存异，对主要问题达成共识，化解矛盾。

党的十八大以来，协商民主朝着广泛多层制度化发展。协商民主体系拥有包括中国共产党、人民代表大会、人民政府、人民政协、民主党派、人民团体、基层组织、企事业单位、社会组织、各类智库等在内的广泛协商渠道；政治协商、立法协商、行政协商、民主协商、社会协商、基层协商等众多领域；还可以通过提案、会议、座谈、论证、听证、公示、评估、咨询、网络等多种方式进行。作为社会主义民主的特有形式，协商民主日益发挥其独特的优势。第一，通过广泛协商，决策部门能够广泛听取意见和建议，接受批评和监督，从而达成决策的最大共识，也就有效避免了党派和利益集团为了自己的利益相互竞争，保证政府选择和政府行为的人民性和公共性；第二，通过广泛协商，可以形成快速发现和改正错误的机制，从而提高决策的有效性；第三，通过广泛协商，各种利益要求和诉求进入决策程序的渠道更加畅通，人民群众能够广泛参与各层次管理和治理，扩大最广大人民群众有序的政治参与；第四，通过广泛协商，全社会的智慧和力量得以广泛凝聚，从而使得各项政策和工作具有更多共识，得以在实践中有效落实。

---

① 《习近平谈治国理政》第 2 卷，外文出版社 2017 年版，第 291 页。

在党的领导下，我国建立了一个真正的人民政府，创造了以人民为中心的制度体系，制定的政策符合大多数人的利益，能够得到大多数人的支持，得以在实践中贯彻执行。不同利益群体的诉求能够充分表达，不同的利益冲突得以有效协调，保证政府决策不偏向某一集团的利益。正如一位学者所言，中国之所以能够逐步构建政府与市场之间"互融共荣"的新型关系，中国经济的转型发展之所以能取得成功，关键在于始终坚持共产党领导和社会主义发展方向，为中国的政府选择和政府行为长期具有广泛的人民性和公共性提供了根本保障，并能够有效地创造市场和塑造市场。①

五 依法执政，建设法治政府

市场经济是法治经济，要求一切市场主体包括一切公共权力机关在市场经济运行中都必须尊重法律，自觉维护法律权威，依法运行，从而保证整个市场经济体制与机制普遍建立在依法有序的基础上。要更好发挥政府作用，必须坚持依法行政。作为执政党，中国共产党与国家政权之间的关系是领导与被领导的关系。政府能否坚持依法行政，取决于党能否依法执政、能否建构科学协调的党政关系。改革开放以来，针对如何理顺党政关系，我们党进行了不懈探索，不断推进法治体系建设、建设社会主义法治国家、推动实现党政关系法治化、推动建设法治政府。

（一）建构协调有序的党政关系

党政关系是中国政治格局中的核心关系。中国共产党作为执政党，在整个国家政治体系中居于核心地位，起着政治领导和主导作用。党和国家政权的关系，直接决定着我国政治体制的总体格局和基本框架，因而理顺党政关系就成为我国政治体制改革的重要内容。我国国家政权体系运行过程中出现的官僚主义、权力过分集中、职责不

---

① 胡乐明：《政府与市场的"互融共荣"：经济发展的中国经验》，《马克思主义研究》2018 年第 5 期。

清等弊端，都和党政关系没有理顺具有一定的关系。

依法执政指的是执政党依照宪法和法律的有关规定执掌和行使国家政权，从而实现执政方式的法治化。它要求党善于把自身的主张经过法律程序转化为国家的意志，上升为法律，成为全社会遵循的制度和规范，使党组织推荐的人选经过法定程序成为国家机关的领导人员，从制度上和法律上保证党的路线、方针、政策的贯彻实施。依法执政的提出是我们党执政方式与时俱进的体现，适应了社会主义市场经济的现实需求。党要领导和发展社会主义市场经济，要领导建设社会主义法治国家，必然要求依法执政。

处理党与政府的关系，必须坚持法治原则。法律在现代国家中的地位至关重要。如果一个政治决策和行为是按照既定的制度和程序产生，并且在必要的规则下完成运行，那么人民就会倾向于遵守并服从。党组织坚持使党的主张经过法定程序变为国家意志，就具备了至高无上的权威，对全体人民、各级组织、各行各业就有了普遍的约束力。

我国行政体制改革的要求和目标是进一步深化改革、转变政府职能，建立服务、责任、法治、廉洁政府，只有尊重和支持国家政权机关依法行使职权，履行职能，才能够全面理顺党政关系，充分发挥党政效能。

（二）推动建设法治政府

要保证坚决而有效地发挥政府在市场经济中的基本经济职能，应当建构相应的法律框架，规范政府行为，从而尽可能地减少政府干预行为对市场造成的影响。这一法律框架还应当随着经济社会的发展，及时地进行修订和完善，以应对新出现的经济问题。

党依法执政，为各级政府依法行政提供前提条件和政治保证。党的十一届三中全会开启了建设中国特色社会主义法治体系、建设社会主义法治国家的伟大征程。党的十五大之后，中央一直强调依法治国，建立社会主义法治国家。四十多年来的法治建设使得政府行政有法可依，逐步实现依法行政。习近平总书记强调："要发挥法治对转变政府职能的引导和规范作用,既要重视通过制定新的法律法规来固定转变政府职能已经取得的成果,引导和推动转变政府职能的下一步工作,又要重视通过修改或废止不适合的现行法律法规为转变政府职能扫除障碍。"①

十八大以来,在党的领导下,法治政府建设不断推进。党的十八大报告将"法治政府基本建成"确立为 2020 年全面建成小康社会的重要目标之一。党的十八届三中全会提出了"建设法治政府和服务型政府"的任务。十八届四中全会对"深入推进依法行政,加快建设法治政府"作了全面部署,回答了建设什么样的法治政府、怎样建设法治政府的重大问题。2015 年 12 月的《法治政府建设实施纲要(2015—2020 年)》为深入推进依法行政、加快建设法治政府指明了方向。行政审批事项大幅减少,非行政许可审批彻底终结,建立政府权力清单、负面清单、责任清单,规范行政权力,推动严格规范公正文明执法。

依法执政既要求党依据宪法法律治国理政,同时也要求党依据党内法规管党治党,只有党依法执政,才能保证各级政府及其工作人员依法行政。在法治政府建设过程中,通过加强党内法规建设,有利于促进公正文明执法、加强公权力的制约与监督、优化重大行政决策程序。十八大以来,我们党加强了党内法规制度建设,制定和修改了140 多部中央党内法规,出台了一批标志性、关键性、基础性的法规制度,基本实现了有规可依。在此基础上,更加注重党内法规同国家法律的衔接和协调,提高党内法规执行力,运用党内法规把党要管党、全面从严治党落到实处,促进党员、干部带头遵守国家法律法规。相对于法律的要求,党章党规对党员的要求更高,因此党员不仅要严格遵守法律法规,而且要对自己提出更高要求,严格遵守党章党规。

绝大多数的行政行为决策者和执行者都是中国共产党党员,他们

① 《习近平关于全面依法治国论述摘编》,中央文献出版社 2015 年版,第 45 页。

的法治意识和法治建设能力是依法行政的决定性因素，他们能否依法依规履职直接关系到法治政府建设的成效。党的十八大以来，以习近平同志为核心的党中央狠抓全面从严治党、依规治党，取得了显著成效，党风政风明显好转。党员干部的政治素质、法治意识、法律实施能力、职业道德水准得到提升，特别是通过选拔那些善于运用法治思维和法治方式推动工作的人到领导岗位上，有力地推进依法行政。

（三）营造有利于社会主义市场经济的法治环境

市场经济从本质上讲是法治经济，具有主体权利平等、产权明晰化、经济关系契约化、信用发达、公平竞争、开放统一、受国家宏观调控等特点。但是从现实来看，市场经济本身并不必然具有法治的特点或精神，也不可能自发地形成法制机制。

在改革要求政府放松管制以后，由于法律供给的滞后，导致社会侵权与犯罪的增加，腐败之风也在政府部门滋生蔓延，所有这些进一步加强了市场的不完全性，不仅阻碍了市场体系的发育与成长，也妨碍了经济的增长。因此，在法律的供给远远落后于市场经济发展对它的需求的情况下，加快法律建设就成为经济转型时期中国政府的一项极其紧迫而又重要的工作。

改革开放以来，中国共产党适应市场经济发展，不断改革和完善党的领导方式和执政方式，积极推进依法执政。推进法治化进程，领导完善法治机制，培育法治精神，宪法法律至上、法律面前人人平等的法治理念日益深入人心，全社会法治观念明显增强，为市场经济发展创造了良好的法治环境。

十八届四中全会通过的《中共中央关于全面推进依法治国重大问题的决定》提出要以保护产权、维护契约、统一市场、平等交换、公平竞争、有效监管为基本导向，加强社会主义市场经济这一重点领域的立法工作，完善社会主义市场经济法律制度。这也是使市场在资源配置中起决定性作用和更好发挥政府作用的前提。遵循《决定》对有关社会主义市场经济立法的要求，我国的产权保护制度进一步健全，市场法律制度建设不断加强，宏观调控依法得以加强和改善，促进政府和市场作用协调配合。

简言之，改革开放以来，党与政府关系的调整和转型，不仅满足了向社会主义市场经济转型和经济发展的要求，还增强了国家能力，提高了党的执政能力和人民认同。这种调整和转型，是党主动发起并引导的，形成了更专业、更有效率和与时俱进的行政体系，从而有能力应对40多年来各种错综复杂的挑战，保障社会主义市场经济健康发展。

第三节　提高党驾驭社会主义市场经济的能力

在社会主义条件下发展市场经济，是我们党的一个伟大创举。① 社会主义是人类向往更合理社会的伟大变革和伟大探索，而在市场经济条件下建设社会主义，同样是伟大变革和伟大探索。在建立并完善社会主义市场经济体制的过程中，我们党从理论和实践上不断探索将二者有机结合。随着市场调节范围逐步扩大，市场机制作用不断加强，同时一些市场经济的弊端和缺陷也逐步显现，必然要求党不断提高驾驭社会主义市场经济的能力，对市场经济条件下的各种关系进行约束、激励和制衡，发挥上层建筑对经济基础的反作用。我们党深刻认识到驾驭社会主义市场经济的重要性，并把提高驾驭社会主义市场经济的能力作为党的执政能力建设的重要组成部分。

进入新时代，"以经济建设为中心是兴国之要，发展仍是解决我国所有问题的关键"②。中国共产党领导发展的能力，始终是首要的和核心的能力。能不能驾驭好世界第二大经济体，能不能保持经济社会持续健康发展，从根本上取决于党在经济社会中的领导核心作用发挥得好不好。③ 在社会主义市场经济条件下，党领导发展的能力，集中体现为驾驭市场经济的能力。驾驭社会主义市场经济，体现了党对

---

① 《习近平关于社会主义经济建设论述摘编》，中央文献出版社2017年版，第64页。
② 《十八大报告辅导读本》，人民出版社2012年版，第20页。
③ 《习近平关于社会主义经济建设论述摘编》，中央文献出版社2017年版，第325页。

经济工作的领导，反映了我们政治制度的优势。

一 提高党驾驭社会主义市场经济能力命题的历史演进

西方国家市场经济的实践表明，市场经济可以优化资源配置，但同时也存在着内在缺陷和诸多负面作用。我国将市场经济引入社会主义，缺乏相应的理论准备和实践经验，需要在实践中不断探索，在理论上不断创新。对于改革领导者的中国共产党而言，既需要遵循市场经济的一般规律，为市场经济发展创造必要条件；同时也应当从社会主义的价值目标出发，探索如何弥补、纠正市场经济缺陷的方法。因此，驾驭社会主义市场经济应当是贯穿社会主义市场经济体制发展各个阶段的必然命题。

（一）十八大之前的发展过程

市场化经济改革，使党的执政条件和社会环境发生了深刻变化，从而党的执政能力也面临挑战。党的领导方式和执政方式也必须不断改革和完善，以适应社会主义市场经济发展。

胡锦涛在 1994 年的全国组织工作会议上，提出了领导干部驾驭社会主义市场经济能力不适应形势发展要求的问题。党的十六大报告在论述加强党的执政能力建设，提高党的领导水平和执政水平时指出，各级党委和领导干部要不断提高驾驭市场经济能力。2003 年 10 月中共十六届三中全会通过的《中共中央关于完善社会主义市场经济体制若干问题的决定》指出，要自觉适应社会主义市场经济发展的新形势，改革和完善党的领导方式和执政方式，坚持谋全局、把方向、管大事，进一步提高科学判断形势的能力、驾驭市场经济的能力、应对复杂局面的能力、依法执政的能力和总揽全局的能力。[1] 2004 年 9 月 19 日中共十六届四中全会通过《中共中央关于加强党的执政能力建设的决定》，把不断提高党驾驭社会主义市场经济的能力作为加强

---

[1] 《十六大以来重要文献选编》（上），中央文献出版社 2005 年版，第 480 页。

党的执政能力建设的主要任务之一。①

（二）十八大以来的发展

十八大以来，我国经济社会发展面临的外部环境更加复杂多变，后经济危机时代的世界经济发展乏力，导致我国出口优势和参与国际分工模式面临新挑战，经济发展进入新常态，面临速度换挡、结构调整、动力转换一系列广泛而深刻的变化。面对经济下行压力、跨越"中等收入陷阱"等严峻挑战，在转变经济发展方式的同时保持经济适度增长、实现全面建成小康社会的目标方面，需要付出相当努力。而社会主义市场经济体制经过 20 年的发展，既在推动生产力发展方面发挥了巨大作用，同时在经济总量平衡、环境保护和社会公平上引发的问题也日益凸显。因此，党驾驭社会主义市场经济所面临的任务更加艰巨，内容也更加具体。一方面要领导继续完善市场体系，防范市场经济潜在的风险，特别是金融风险；另一方面要防止党内出现利益集团。

十八大报告、十九大报告都强调了党面临的包括市场经济考验在内的"四大考验"的长期性和复杂性。特别是十九大之后，反复强调要打好防范化解重大风险攻坚战，重点是防控金融风险。习近平总书记也多次论述加强党对经济工作的领导、驾驭社会主义市场经济的重要意义，在 2015 年 11 月 23 日主持政治局第二十八次集体学习时强调，要通过学习马克思主义政治经济学基本原理和方法论，"提高驾驭社会主义市场经济能力，更好回答我国经济发展的理论和实践问题"②。坚决防止党内出现利益集团是我们党的一贯立场，习近平总书记在新时期特别强调了这一问题，"党内不能存在形形色色的政治利益集团，也不能存在党内同党外相互勾结、权钱交易的政治利益集团"③。

---

① 《十六大以来重要文献选编》（中），中央文献出版社 2006 年版，第 276 页。

② 《习近平关于社会主义经济建设论述摘编》，中央文献出版社 2017 年版，第 327 页。

③ 《习近平关于严明党的纪律和规矩论述摘编》，中央文献出版社、中国方正出版社 2016 年版，第 30—31 页。

二　中国共产党驾驭社会主义市场经济的基本逻辑

（一）驾驭社会主义市场经济的理论逻辑

历史唯物主义原理认为，经济基础决定上层建筑，政治上层建筑反作用于经济基础，在一定条件下表现为主要的决定性的反作用。恩格斯特别强调政治上层建筑对经济的反作用："经济状况是基础，但是对历史斗争的进程发生影响并且在许多情况下主要是决定着这一斗争形式的，还有上层建筑的各种因素……"[①] 政治权力对社会经济关系的发展可以起到巨大的推动作用，在社会主义市场经济条件下，也需要运用政治权力来推动经济的发展。从长远的观点看，社会主义国家应当把组织经济建设、发展生产力看成是国家政权活动的一个主要领域，这符合历史唯物主义的原理。[②]

马克思主义认为，无产阶级成为统治阶级之后，"把一切生产工具集中在国家即组织成为统治阶级的无产阶级手里，并尽可能快地增加生产力总量"[③]。执政的中国共产党，治国理政的重要任务就是领导经济工作，大力发展生产力。在当今中国，党政军民学，东西南北中，党是领导一切的，是最高政治领导力量。中国共产党的领导是中国特色社会主义最本质的特征，体现在经济工作上，就是要加强党中央对经济工作的集中统一领导。坚持党的领导，发挥党总揽全局、协调各方的领导核心作用，是我国社会主义市场经济体制的一个重要特征。[④] 这一特征同时也体现了社会主义条件下经济与政治有机统一的辩证关系，也更能体现社会主义市场经济的优越性，正如邓小平所指出的："社会主义市场经济优越性在哪里？就在四个坚持。四个坚持

---

① 《马克思恩格斯文集》第 10 卷，人民出版社 2009 年版，第 591 页。

② 王沪宁主编：《政治的逻辑：马克思主义政治学原理》，上海人民出版社 2004 年版，第 58 页。

③ 《马克思恩格斯文集》第 2 卷，人民出版社 2009 年版，第 52 页。

④ 《习近平谈治国理政》第 1 卷，外文出版社 2018 年版，第 118 页。

集中表现在党的领导。"①

　　社会主义市场经济这一概念本身就体现了政治与经济的辩证统一。党的十四大报告强调"社会主义市场经济体制是同社会主义基本制度结合在一起的"。江泽民指出："我们搞的市场经济，是同社会主义基本制度紧密结合在一起的。"② 社会主义与市场经济的有机结合，为实现政治与经济的辩证统一找到一种迄今为止的最佳形式。③ 社会主义制度是社会主义经济、政治、法律、文化等制度的总称。经济制度和政治制度从根本上标志着一个社会形态的基本性质和主要特征。因此，市场经济与社会主义基本制度的结合，应当包括其与社会主义基本经济制度和政治制度的结合，有着区别于资本主义市场经济的制度特征，集中表现在以公有制为主体、多种所有制共同发展的基本经济制度为基础，同时受政治方向规导。④ 受政治方向规导，在实践中体现为党能够驾驭社会主义市场经济。市场经济与社会主义并不存在根本矛盾，但并不意味着没有矛盾。随着社会主义市场经济的发展，市场经济固有的缺陷逐步显露出来，特别是在总量综合平衡、环境资源保护以及社会公平分配上引发的问题，其自身是无法解决的。此外，市场主体多元化和市场主体对利益最大化的追逐，会产生政治和意识形态多元化的要求，从而也会对坚持党的领导带来挑战。因此，党就需要能够驾驭社会主义市场经济，有效消除市场经济消极因素对社会主义政治带来的负面影响，充分发挥社会主义和市场经济两个方面的最大优势。

　　社会主义市场经济体制之所以能够建立、发展并逐步完善，党在

---

　　① 中共中央文献研究室编：《邓小平年谱（一九七五——一九九七）》（下），中央文献出版社 2004 年版，第 1363 页。

　　② 江泽民：《论社会主义市场经济》，中央文献出版社 2006 年版，第 202 页。

　　③ 习近平：《对发展社会主义市场经济的再认识》，《东南学术》2001 年第 4 期。

　　④ 关于资本主义市场经济与社会主义市场经济的区别，参见李成勋《两种市场经济异同辨析》，《毛泽东邓小平理论研究》2016 年第 11 期；杨承训《党的领导是社会主义市场经济的重要特征》，《红旗文稿》2015 年第 16 期；鲁品越《社会主义市场经济与资本主义市场经济的本质区别》，《思想理论教育》2012 年第 11 期（上）。

实践基础上的理论创新起到了巨大的推动作用。改革开放初期，针对计划和市场被看作两种社会制度本质区别的传统理论观点，邓小平在南方谈话中明确提出："计划多一点还是市场多一点，不是社会主义与资本主义的本质区别。……计划和市场都是经济手段。"在邓小平这一思想的指导下，十四大把建立社会主义市场经济体制确立为我国经济体制改革的目标，解决了市场经济能否与社会主义结合的问题。在社会主义市场经济体制发展过程中，我们党坚持理论创新，实现从"市场在资源配置中起基础作用"到"市场在资源配置中起决定性作用和更好发挥政府作用"的转变，逐步解决市场经济如何与社会主义结合的问题。党的领导使得社会主义的制度优势和市场经济优势得到充分发挥，实现了政府和市场关系相辅相成、相互促进、互为补充。反观苏联的改革，早期因为固守高度集权的政治制度而反对发展市场经济，晚期则因为推动市场化的经济改革而放弃社会主义政权。两种看似截然不同的态度和做法，都根源于对经济与政治关系的僵化认识。①

（二）党驾驭社会主义市场经济的现实逻辑

改革开放以来，特别是社会主义市场经济体制确立以后，市场经济作为一种有效的资源配置方式，使中国社会发生了翻天覆地的变化，使社会主义焕发了前所未有的活力。但同时也应当清醒地看到，市场经济的存在和发展不可避免地带有一定的自发性和盲目性，有其负面性。

中国经济社会发展在取得辉煌成就的同时，也出现过较多不利因素，有些甚至是非常严重的。中国长期高居两位数的增长速度，主要是靠投资、信贷和外贸顺差拉动的，这方面的因素占 GDP 增长的80%，这在世界上其他国家是从未有过的；能源、资源、环境问题严重；城乡、区域、经济社会发展出现明显的不平衡，个人收入分配差距过大；卫生、教育、司法公正、安全生产等方面的问题层出不穷；

---

① 王立胜：《科学理解唯物史观中经济与政治的辩证关系：三次争论及其当代启示》，《中共中央党校（国家行政学院）学报》2019 年第 4 期。

社会矛盾凸显，突发性的群体事件大幅度增加；腐败和道德滑坡现象增长；等等。这些问题的出现显然与市场经济有着直接关系。比如发展不平衡问题，带有市场经济的明显特点，是自下而上出现的，是全方位的；而计划经济时期出现的几次不平衡问题，则主要是由领导人的决策失误造成的，是主观的、自上而下的。现在的社会矛盾也与过去不同，不仅是因为干部的官僚主义作风，更主要是由深层次的利益冲突造成的。

在改革开放和发展社会主义市场经济的过程中，党的建设也面临着全新的社会环境，先进性、纯洁性面临着新的历史考验，这样的考验具有长期性和复杂性。如果不能积极应对，甚至会影响到党的执政地位。市场经济产生的一系列负面思想、观念和原则，渗透到党员的心理行为之中，进入党的运行机制，与党性原则发生矛盾。特别是商品交换原则深入社会生活的方方面面，给党的建设带来了消极影响。2014年10月8日，习近平总书记在党的群众路线教育实践活动总结大会上的讲话中指出："不可否认的是，在发展社会主义市场经济的条件下，商品交换原则必然会渗透到党内生活中来，这是不以人的意志为转移的。"① 一些党员干部受市场经济逐利思想的影响，滋生拜金主义、个人主义、享乐主义、官僚主义倾向，出现了许多不好的风气，比如公款吃喝、请客送礼、铺张浪费、挥霍国家财产、行贿受贿、贪污腐败等。一些握有权力的领导干部动摇信仰、背离党性、丢掉宗旨，放松底线和操守，利用手中的权力，大搞权钱交易、权力寻租，被利益集团所"围猎"。

我国是从计划经济体制转向社会主义市场经济体制的，经历了双轨制等特殊的发展阶段，形成了权力与利益多重契合的复杂局面，增加了滋生党内腐败现象的土壤和条件。寻租行为一度泛滥，政治组织和经济组织中的腐败行为蔓延。一些市场主体用种种手段拉拢、腐蚀

---

① 习近平：《在党的群众路线教育实践活动总结大会上的讲话》，人民出版社2014年版，第24页。

那些握有实权的党政干部，以获取垄断和非法的利益。而更大的危害在于一些垄断企业会逐渐提高它们在政治上的诉求，不断把政府官员变成他们的代言人、代理人。当代西方国家政府干预经济的行为已经政治化，社会存在着众多的利益集团，进而产生了代表这些利益集团的政治力量，利益集团控制财富的数量决定其影响政府决策的能力。在政府干预市场经济的过程中，往往受到某个利益集团的影响，使其代表该利益集团的利益而不是整个社会的利益来进行决策。

我们的政府是建立在公有制基础之上的为广大人民服务的政府，是党领导下的人民政府，行使经济权力能够代表全民利益，进行经济调控的职能具备了公平性。党的领导坚持社会主义发展方向，从根本上保证了政府选择和政府行为长期具有广泛的人民性和公共性，并能够有效地创造市场和塑造市场。① 如果我们党内出现了利益集团，不但党的政治生态会遭到严重破坏，而且有可能被市场经济中的利益集团所操纵，从而无法发挥总揽全局、协调各方的领导核心作用。党领导下的政府选择和政府行为也就丧失了人民性和公共性，无法有效发挥宏观调控作用。

因此，只有驾驭社会主义市场经济，抵制商品交换原则对党内生活的影响，防止出现党内利益集团，党才能够经受住市场经济的考验，建设好伟大工程，实现所肩负的历史使命。

三　提高党驾驭社会主义市场经济能力的路径

在社会主义制度下发展市场经济，在理论和实践中均有很多复杂的关系需要正确处理，许多深层次问题需要不断解决。党驾驭社会主义市场经济，不是直接去指挥经济工作，而是要发挥党在把握方向、谋划全局、提出战略、制定政策、推动立法、营造良好环境等方面的重要作用，探索如何更好实现社会主义制度和市场经济相结合。

---

① 胡乐明：《政府与市场的"互融共荣"：经济发展的中国经验》，《马克思主义研究》2018 年第 5 期。

（一）全面从严治党

驾驭社会主义市场经济，从主体角度来看，表现在发展完善社会主义市场经济的过程中，通过全面从严治党，保持和发展党的先进性和纯洁性，自觉防范和抵制商品交换原则渗透党的政治生活，把渗透到党内政治生活中的商品交换原则牢牢控制在最小范围内，防止政治逻辑市场化。① 只有坚持党要管党、全面从严治党，增强党自我净化、自我完善、自我革新、自我提高的能力，才能确保政治权力干净运行，不断提升驾驭社会主义市场经济的能力。

一是要加强理想信念教育。邓小平曾指出："过去我们党无论怎样弱小，无论遇到什么困难，一直有强大的战斗力，因为我们有马克思和共产主义的信念。有了共同的理想，也就有了铁的纪律。无论过去、现在和将来，这都是我们的真正优势。"② 习近平总书记也强调："对马克思主义的信仰，对社会主义和共产主义的信念，是共产党人的政治灵魂，是共产党人经受住任何考验的精神支柱。"③ 有信仰是党的优势，有信仰才能自我约束、自我监督，才能筑牢拒腐防变的思想道德防线，自觉抵制商品交换原则，坚决防止形成党内利益集团。

二是健全权力运行制约和监督体系。权力如果得不到有效的监督和制约，就会滋生腐败，掌握权力的领导干部被利益集团所"围猎"。因此，需要根据市场经济条件下权力运作的特点，建立相应的权力制约和监督机制，把权力关进制度的笼子，切断资本和权力间利益输送渠道，遏制和杜绝公共权力与私人资本"联姻"，防范和清除政治利益集团。

（二）完善党领导经济工作的体制机制和方式

完善党领导经济工作的体制机制和方式，才能不断提高驾驭社会主义市场经济的能力。随着党执政能力和领导能力的提高，党中央领

---

① 辛向阳：《"四个全面"战略布局思想的三大逻辑》，《南京师大学报》（社会科学版）2015 年第 9 期。

② 《邓小平文选》第 3 卷，人民出版社 1993 年版，第 144 页。

③ 《习近平谈治国理政》第 1 卷，外文出版社 2018 年版，第 15 页。

导经济工作的制度也日益完善，为推动各方面共同做好经济工作提供了重要保证。中央政治局、中央政治局常委会经常审议关系经济社会发展全局的重大问题；中央财经领导小组在中央政治局、中央政治局常委会领导下，研究确定经济社会发展和改革开放的重要方针和政策，研究提出处理重大财经问题、重大生产力布局、重大建设项目的原则和措施；党中央形成了每季度分析研究经济形势的制度，同时定期研究部署重大战略问题，对推动经济发展起到重要指导作用。

党领导经济工作的方式要实现法治化和科学化。社会主义市场经济本质上是法治经济，有法必依、违法必究才能为经济发展创造良好环境。党领导经济必须坚持法治思维、增强法治观念，依法调控和治理经济。科学化就是要提高把握和运用市场经济规律、自然规律、社会发展规律的能力，实现遵循经济规律的科学发展、遵循自然规律的可持续发展。遵循经济规律领导经济工作往往能够起到事半功倍的效果。习近平总书记指出了一条重要的经济规律，即"经济市场化、国际化程度越高，市场预期、市场信心等对经济运行的影响就越大，舆论引导就越重要"①。在经济发展压力大的时期，如果能够有针对性地做好舆论引导工作，就能够为改革发展稳定营造良好的舆论氛围，助推经济发展。

（三）保证市场经济的社会主义方向

随着社会主义市场经济的发展，市场经济某些消极面逐渐显露出来，市场体制对于基本经济制度的反作用也成为不可忽视的一个问题。社会制度与体制之间是辩证统一的关系，第一，制度起决定性作用，社会体制的形成要受社会制度的制约；第二，相对于制度，体制具有一定的独立性，能够起到一定的反作用。体制可以巩固制度，也可以破坏制度；第三，在既定制度下，具体体制可以随着形势的发展而加以改变。在市场经济的条件下，市场机制在很大程度上决定了所有制结构的变动，如果没有有效的宏观调控，自发的资本主义势力完全有可能瓦解以公有制为主体的社会主义基本制度，社会主义市场经

---

① 《习近平关于社会主义经济建设论述摘编》，中央文献出版社2017年版，第317页。

济也就无从谈起。① 如果照搬资本主义市场经济运行机制，不坚持社会主义制度，体制和制度之间的矛盾就会凸显，社会基本制度就会受到运行机制反作用的影响，其发展甚至会偏离正确的方向。②

在经济体制改革过程中，新自由主义把国有经济同市场经济对立起来，鼓吹私有化，企图削弱甚至取消公有经济。特别是在公有制比重发生重大变化的情况下，就需要从政治与经济相统一的马克思主义观点出发，在党的领导下，用政治力量驾驭资本逻辑。以全心全意为人民服务为宗旨的中国共产党，能够既充分地利用市场来大力发展生产力，满足人民日益增长的美好生活需要，同时也能够把资本力量限制在经济系统之内，使其不能支配国家权力、意识形态，确保市场经济沿着社会主义方向发展。

首先是从制度上确保公有制的主体地位。我国宪法确定了公有制的主体地位，其中第六条明确规定："中华人民共和国的社会主义经济制度的基础是生产资料的社会主义公有制"，第七条明确规定："国有经济，即社会主义全民所有制经济，是国民经济中的主导力量。国家保障国有经济的巩固和发展。"《中国共产党章程》规定，毫不动摇地支持和巩固公有制经济，毫不动摇地鼓励、支持、引导非公有制经济发展。其次是强调国有企业主导作用。十八大以来，习近平总书记多次指出国有企业对于中国特色社会主义和党执政兴国的重要意义，强调要坚定不移把国有企业做强做优做大。

保证市场经济的社会主义方向，还体现在我们党对于共同富裕这一社会主义本质的坚守。自发市场经济的基本特征是自由竞争，优胜劣汰。任其自由发展，不仅不能实现共同富裕，还会造成贫富两极分化。正如邓小平所指出的："我们讲要防止两极分化，实际上两极分化自然出现。"③ 社会主义市场经济中政府的作用应当使市场经济避

---

① 张宇：《论公有制与市场经济的有机结合》，《经济研究》2016 年第 6 期。

② 周新城：《马克思与中国经济改革》，经济日报出版社 2017 年版，第 217 页。

③ 中共中央文献研究室编：《邓小平年谱（一九七五——一九九七）》（下），中央文献出版社 2004 年版，第 1364 页。

免自发状态，实现共同富裕的目标，这一作用是必不可少的。中国共产党是社会主义政治权力核心，实施全面从严治党战略的成效决定了政府能否真正推动共同富裕目标的实现。① 因此，党驾驭社会主义市场经济也应当体现在如何使经济发展的财富更好满足人民需要和实现共同富裕。改革开放以来，党对共同富裕这一社会主义的价值目标始终有着清醒的认识，并领导政府采取有效措施。邓小平强调要坚持社会主义的基本原则，"一条是公有制经济始终占主体地位，一条是发展经济要走共同富裕的道路，始终避免两极分化"②。党的十八大以来，更加强调社会主义现代化建设的根本目的，用新的发展理念引领发展行动。党的十八届五中全会鲜明提出要坚持和贯彻以人民为中心的发展思想，在实践中注重将这一发展思想落实到经济社会发展的各个环节。特别是提出坚决打赢脱贫攻坚战、东西部扶贫协作和对口支援战略，为实现全面建成小康社会、最终实现共同富裕打下坚实基础。

（四）正确处理政府与市场关系

政府和市场关系是我国经济体制改革的一条主线③，党的领导是能够正确处理二者关系的优势所在，也是驾驭社会主义市场经济的重要内容。只有坚持党的正确领导，才能实现市场作用与政府作用的协调配合。党的先进性、统一性，及其在政治、思想、组织上的优势，通过政府发挥指导、协同功能。④

不可否认，在社会主义市场经济条件下，同样存在着政府失灵。与西方国家限制政府权力、鼓吹"小政府"不同，党的领导和坚持社会主义发展方向使我国政府可以更好地发挥经济职能。中国共产党

---

① 余金成：《全面从严治党与完善社会主义市场经济》，《中共天津市委党校学报》2017 年第 1 期。

② 中共中央文献研究室编：《邓小平年谱（一九七五——一九九七）》（下），中央文献出版社 2004 年版，第 1091 页。

③ 张宇：《论公有制与市场经济的有机结合》，《经济研究》2016 年第 6 期。

④ 杨承训：《党的领导是社会主义市场经济体制的重要特征》，《红旗文稿》2015 年第 16 期。

是全心全意为人民服务的政党，没有自身的特殊利益，能够从全局和长远利益出发，充分考虑不同地区、不同行业、不同群体的利益诉求，处理好市场经济条件下复杂的社会利益关系，能够使改革成果更多更公平惠及全体人民。在改革涉及利益关系更复杂、方案落地难度明显增大的情况下，党的领导有利于建立有效的利益协调机制，凝聚最广泛的社会共识，以最大程度减少改革阻力。党的领导能够确保不同类型的所有制企业在社会主义制度中具有平等的政治权利、经济权利，使其在市场经济活动中具有平等的地位，这样一种平等是真正意义上的平等，这样的市场经济才是真正公平的市场经济。而与私有制相联系的市场经济、大型的私人垄断资本凭借所操纵的巨额资本，渗透到社会生活的各个方面，特别是国家的政治生活当中，操纵甚至取得政治权力。

毛泽东把党的建设比作在中国革命中战胜敌人的"三大法宝"之一，在社会主义市场经济条件下，党的建设也同样是实现政府和市场作用相辅相成、相互促进、互为补充的"法宝"，这也是其他新兴市场经济国家所无法做到的。通过全面从严治党，确保权力干净运行；通过完善党领导经济工作的体制机制和方式，确保权力有效运行。权力能够干净和有效运行，也就能够有效纠正"政府失灵"，更好发挥政府作用。

第四节　党驾驭社会主义市场经济必须正确处理的四个问题

中国共产党已经有几十年驾驭社会主义市场经济的历史。在此过程中，中国共产党不仅带领中国人民取得了举世瞩目的发展成就，而且在驾驭社会主义市场经济的过程中积累了丰富的经验。这些经验发展了科学社会主义理论，是推进新时代中国特色社会主义的宝贵精神财富，可以为国外共产党和世界社会主义提供参考和借鉴。

一 通过改革建立和完善社会主义市场经济体制

中国共产党驾驭社会主义市场经济的实质，就是建立和发展社会主义市场经济体制，使其在运行中符合党和人民的意志和要求。我国社会主义市场经济体制是通过改革传统计划经济体制建立和发展起来的，中国共产党建立和发展社会主义市场经济体制经历了一个过程，这个过程也是驾驭社会主义市场经济的过程，中国共产党在这个过程中注重顶层设计，制定和实施了积极稳妥的政策与措施。

按照党的十四大提出的社会主义市场经济体制目标，中国共产党着手对这个改革目标进行具体和系统的规划。党的十四大闭幕后，就社会主义市场经济体制建设问题，中共中央组织进行了广泛深入的调研，集中全党智慧起草完成了《中共中央关于建立社会主义市场经济体制若干问题的决定》。党的十四届三中全会审议通过了上述决定，《决定》为社会主义市场经济体制的建立绘制了一幅可操作的蓝图，同时要求全党在建立社会主义市场经济体制过程中提高驾驭市场经济的能力。《决定》要求在20世纪末初步建立社会主义市场经济体制，而这个新体制要从根本上改变原有指令性计划经济体制，使市场在国家宏观调控下对资源配置起基础性作用。为了实现上述改革目标，我国政府坚持以公有制为主体、多种经济成分共同发展，从建立现代企业制度、建立全国统一开放的市场体系等主要环节着手，同时深化农村经济体制和对外经济体制改革，进行科技体制和教育体制的改革与扩大对外开放，发展金融、劳动力、房地产、技术和信息的市场等。

经过全党全国人民的共同努力，党的十六大宣告我国社会主义市场经济体制初步建立。就社会主义市场经济体制而言，如果说从邓小平的南方谈话到党的十六大是建立阶段，那么从党的十六大至今则是完善阶段。党的十六届三中全会审议通过了一个引领经济体制改革进入新阶段的文献：《中共中央关于完善社会主义市场经济体制若干问题的决定》。《决定》从大力发展混合所有制经济、实现投资主体多元化、建立现代产权制度、规范市场秩序等方面对完善社会主义经济体制作出了全面部署。中国共产党是社会主义市场经济的驾驭者，在完善社会主义市场经济体制阶段专门就加强党的执政能力建设作出决定，把"不断提高驾驭社会主义市场经济的能力"作为加强党的执政能力建设的一项主要任务①，要求全党在各项经济活动中遵循社会主义市场经济规律，把握好社会主义市场经济的运行特点、遵循其内在要求。党的十八届三中全会审议通过的《中共中央关于全面深化改革若干重大问题的决定》，要求继续把经济体制改革作为全面深化改革的重点，同时还要更加注重改革的整体性、系统性和协同性，围绕市场在资源配置中的决定性作用深化经济体制改革。根据新时代面临的新形势和新要求，党的十九大要求加快完善社会主义市场经济体制并对其进行了新的部署，进一步增强了中国共产党驾驭社会主义市场经济的能力。

二　发挥市场在资源配置中的决定性作用

如何把握市场在资源配置中的作用，这是社会主义市场经济建设的一个大问题。就这个问题，从党的十四届三中全会决议的"基础性作用"，到党的十八届三中全会决议的"决定性作用"，中国共产党对市场在资源配置中的作用的认识不断深化。这种认识上的深化是从改革的实践中得来的，说明中国共产党更加明确了市场与政府的关系，体现了坚持社会主义市场经济改革方向的决心和信心，是中国共产党在新时代的一个重大理论突破，对其驾驭社会主义市场经济具有重要意义。

市场对资源配置从"基础性作用"到"决定性作用"的转变，这是完善社会主义市场经济体制的关键一步。党的十四大提出了一个重要论断："建立社会主义市场经济体制，就是要使市场在国家宏观

---

① 《中共中央关于加强党的执政能力建设的决定》，《人民日报》2004 年 9 月 27 日。

调控下对资源配置起基础性作用。"① 在社会主义市场经济体制建立和发展进程中，中国共产党越来越清醒地意识到只有"基础性作用"是不够的，市场决定资源配置是市场经济的一般规律，必须让市场在资源配置中起"决定性作用"。"经过二十多年实践，我国社会主义市场经济体制已经初步建立，但仍存在不少问题，主要是市场秩序不规范，以不正当手段谋取经济利益的现象广泛存在；生产要素市场发展滞后，要素闲置和大量有效需求得不到满足并存；市场规则不统一，部门保护主义和地方保护主义大量存在；市场竞争不充分，阻碍优胜劣汰和结构调整；等等。这些问题不解决好，完善的社会主义市场经济体制是难以形成的。"② 如何最有效地配置资源是各种经济活动的基本问题，市场决定资源配置的主要优势是促使人们在经济活动中遵循价值规律，以最小投入换取最大产出，促进经济健康、快速、可持续发展。我国以往经济运行中存在的最集中、最突出的问题是政府直接配置资源，对市场的不当干预过多和监管不到位，因而导致资源低效配置甚至严重浪费，这也是腐败和各种不正之风的一个重要源头。

要驾驭好社会主义市场经济必须摆正政府与市场之间的关系。党的十八大以来，中国共产党既把经济体制改革作为全面改革的重点，又把经济体制改革的核心问题归结为处理好政府与市场的关系。习近平总书记强调："我们要坚持社会主义市场经济改革方向，从广度和深度上推进市场化改革，减少政府对资源的直接配置，减少政府对微观经济活动的直接干预，加快建设统一开放、竞争有序的市场体系，建立公平开放透明的市场规则，把市场机制能有效调节的经济活动交给市场，把政府不该管的事交给市场，让市场在所有能够发挥作用的领域都充分发挥作用，推动资源配置实现效益最

---

① 《中共中央关于建立社会主义市场经济体制若干问题的决定》，《人民日报》1993年11月17日。

② 《十八大以来重要文献选编》（上），中央文献出版社 2014 年版，第 498 页。

大化和效率最优化，让企业和个人有更多活力和更大空间去发展经济、创造财富。"① 党的十八大以来，在加快完善社会主义市场经济体制的同时，中国共产党全面加强新时代党的建设，要求深刻认识党在新时代面临的各种考验的长期性和复杂性，特别是要经受住改革开放考验和市场经济考验，自觉抵制商品交换原则对党内生活的侵蚀，营造风清气正的良好政治生态，这为更好驾驭社会主义市场经济创造了条件。

三　"看不见的手"和"看得见的手"都用好

尽管市场在资源配置中起决定性作用，但驾驭社会主义市场经济仅仅靠市场机制是不够的，还必须有国家宏观调控。"看不见的手"和"看得见的手"是一种隐喻，前者形容市场的运行机制，后者则指国家的宏观调控，统称为市场经济的"两只手"。在建立和完善社会主义市场经济体制进程中，中国共产党对这"两只手"及其相互关系的认识不断深化，习近平总书记的"两手论"达到了这方面认识的新高度。正是由于对这方面认识的不断提高，中国共产党驾驭社会主义市场经济的能力不断增强，有效应对了改革开放和市场经济的考验。从一定意义上说，如何用好"两只手"的问题，主要是如何看待国家宏观调控的问题。刚刚确定社会主义市场经济体制改革方向时，尽管我们肯定了市场对资源配置的基础性作用，却是"国家宏观调控下"的基础性作用，这在人们的思想认识和逻辑表述上是冲突的。在我国经济运行相当长的一段时间内，由于对国家宏观调控和市场究竟谁是主导、谁起支配作用的认识模糊、矛盾等问题，致使政府"越位"和"缺位"、干预过多和监管不到位及其他违背市场规律的问题经常出现。中国共产党后来逐步认识到，尽管国家宏观调控是社会主义市场经济体制的内在组成部分，但它并不是居于市场基础性作

①　习近平：《正确发挥市场作用和政府作用　推动经济社会持续健康发展》，《人民日报》2014 年 5 月 28 日。

用之上的主导和支配力量，党的十八大报告删去了"在国家宏观调控下"的定语，把尊重市场规律放在发挥政府作用前面。党的十八届三中全会的决定明确提出："使市场在资源配置中起决定性作用和更好发挥政府作用"①，这表明我们党对这"两只手"的认识更加科学、清晰。

市场在资源配置中的决定性作用无法取代政府的宏观调控作用。"科学的宏观调控，有效的政府治理，是发挥社会主义市场经济体制优势的内在要求。"② 在驾驭社会主义市场经济过程中，中国共产党的这"两只手"都要用并且都要用好，也就是说既要"有效的市场"，也要"有为的政府"。习近平总书记强调："在市场作用和政府作用的问题上，要讲辩证法、两点论，'看不见的手'和'看得见的手'努力形成市场作用和政府作用有机统一、相互补充、相互协调、相互促进的格局，推动经济社会持续健康发展。"③ 在社会主义市场经济中，市场的决定性作用不是绝对的，"更好发挥政府作用"不能认为就是"更多发挥政府作用"，正确的做法是在充分发挥市场决定性作用前提下，管好市场管不了和管不好的事，也就是在政府职能上纠正越位、缺位、错位的问题，把政府应该管的事管好、管到位，这样才能做到对社会主义市场经济驾轻就熟。

四　什么时候都不忘记"社会主义"这个定语

在中国共产党关于社会主义市场经济的表述中，把"社会主义"放在"市场经济"前，是说这种"市场经济"是在社会主义环境下建立和发展起来的，这个市场经济体制是与社会主义的基本制度结合在一起的，具有与资本主义条件下的市场经济不同的特征。中国共产

---

① 《中共中央关于全面深化改革若干重大问题的决定》，《人民日报》2013 年 11 月 16 日。

② 《习近平谈治国理政》第 1 卷，外文出版社 2018 年版，第 77 页。

③ 习近平：《正确发挥市场作用和政府作用　推动经济社会持续健康发展》，《人民日报》2014 年 5 月 28 日。

党一再强调，我们是在中国共产党领导和社会主义制度这个大前提下发展市场经济的，什么时候都不能忘了"社会主义"这个定语。离开社会主义就会亡党亡国，也就没有驾驭社会主义市场经济的问题了，这是个不能有任何含糊的重大原则问题。

在改革的历史进程中必须始终坚持社会主义方向。中国共产党早就规定，改革的目的是完善社会主义，是为了更充分发挥社会主义的优越性。早在改革开放之初，中国共产党就提出了坚持四项基本原则，并把其中的坚持社会主义道路视为立国之本，成为党在社会主义初级阶段基本路线的一项重要内容。邓小平强调："社会主义市场经济优越性在哪里？就在四个坚持。"① 党的十四大决定建立社会主义市场经济，同时强调毫不动摇地坚持中国特色社会主义，沿着有中国特色的社会主义道路继续前进。在完善社会主义市场经济过程中，中国共产党一再强调开创中国特色社会主义事业新局面，把社会主义市场经济体制上升为社会主义基本经济制度，把党的领导作为中国特色社会主义的最本质特征和政府发挥作用的根本保证。在社会主义条件下发展市场经济是中国共产党的一个伟大创举。我国经济发展获得巨大成功有一个关键性因素——既发挥市场经济的长处，又发挥社会主义制度的优越性。从根本上说，完善社会主义市场经济，就是要充分发挥社会主义制度的优越性，消除资本主义市场经济的弊端。

我们要在全面深化改革中继续坚持社会主义方向。坚持社会主义就要坚持党的领导，只有中国共产党才能协调各方面的利益关系，科学分析和解决新时代面临的新情况和新问题；要坚持以公有制为主体、多种所有制经济共同发展的基本经济制度，在把公有制经济巩固好、发展好的同时鼓励、支持、引导好非公有制经济发展，坚定不移地把国有企业做强做优做大；要坚持实行以按劳分配为主体、多种分

---

① 中共中央文献研究室编：《邓小平年谱（一九七五——一九九七）》（下），中央文献出版社2004年版，第1363页。

配方式并存的分配制度，继续朝着全体人民共同富裕的目标迈进，不断加强社会保障、消除两极分化和贫困；要坚持以人民为中心，继续在社会主义基本制度与市场经济的结合上下功夫，让市场经济充分体现社会主义的制度特征；要发展和维护广大人民的根本利益，让广大人民共享改革发展的成果，促进社会公平正义和人的全面发展，不断增进人民的福祉。

第四章　以人民为中心的发展思想引领下的政府与市场关系

关于生产目的的理论，是政治经济学的原理之一。最大限度满足全体人民的物质和文化需要，是社会主义公有制的直接和最终生产目的，体现了"人民主体性"和民生导向。[1] 以人民为中心的发展思想，是社会主义的价值追求和实践方式，是我们党治国理政的价值引领。正确处理政府与市场关系，必须坚持这一马克思主义政治经济学的根本立场，体现社会主义的生产目的。政府和市场之间并没有抽象、绝对"正确"的界限，二者都要服务于人民，满足于人民日益增长的美好生活需要。谈论市场和政府，不能忘了第三方——"人民"。[2] 只有坚持以人民为中心的发展思想，才能找到政府与市场之间的最佳平衡点。

第一节　以人民为中心的发展思想是正确处理政府与市场关系的价值引领

在发展道路的选择和发展战略的谋划上，中国走出了一条具有自身特色的社会主义现代化之路。在发展的不同阶段，面临着不同的发展任务，产生了不同的发展思想指导着实践。随着实践的发展，发展

---

[1]　程恩富：《中国特色社会主义政治经济学八个重大原则》，《唯实》2017 年第 1 期。
[2]　潘维：《谈市场和政府，不能忘了"人民"》，《红旗文稿》2015 年第 14 期。

思想也不断创新、与时俱进，推动中国实现更加科学的发展。不同时期的发展思想反映了中国不同时期的国情特点，也反映了不同时期领导人对现代化与全球化挑战的不同响应。

不同时期的发展思想也聚焦不同时期我国发展中遇到突出矛盾和问题，一些矛盾和问题是由于没有处理好政府与市场关系引起的。在不同时期发展思想的指导下，我们不断解决社会主义市场经济条件下所出现的各类问题，并为进一步的发展积累经验。以人民为中心的发展思想是正确处理政府与市场关系的价值引领，使社会主义市场经济不断朝着更加高效和公平公正的方向发展。

一　坚持"发展才是硬道理"，确立社会主义市场经济体制

1978 年，我国国民经济几近崩溃，能否实现较快发展、改善人民生活，关系到国家的前途、民族的命运。在严峻的现实面前，党和政府充分认识到只有加快经济发展，才能体现社会主义制度的优越性，才能坚持和巩固党的领导。解放和发展生产力，实现经济快速发展，在坚持社会主义根本制度的前提下，对高度集中的计划经济体制进行根本性的改革，是一种客观的必然。

1978 年以后，党总结了之前经济体制上管得过多、过死的弊端，采取了一系列提高效率的举措，释放了巨大活力，加快经济发展。"家庭联产承包责任制"实施之后短短两年，农民就解决了吃饭问题，同时释放了大量劳动力，乡镇企业随之兴起。国有企业的放权让利、利改税、承包制也激发了其内在活力，个体和私营经济也有了一定程度的发展。在对外经济关系上，不仅引进国外先进技术和经验，同时大胆引进外国资本。党和政府创造条件，打破计划经济意识形态的束缚，探索社会主义条件下的市场化之路。

社会主义的本质，是解放生产力，发展生产力，消灭剥削、消除两极分化，最终达到共同富裕。而要做到这一点，就应当借鉴并吸收资本主义已经达到的一切优秀成果。只要有利于生产力的提升和人民群众的共同富裕，完全可以打破传统的思想禁区，不但可以接受市场

这种手段，而且可以接受市场经济体制。"发展才是硬道理"成为中国前进的动力源泉，在实践的基础上，我们逐渐摆脱传统思想的束缚，建立起社会主义市场经济体制。

二　社会主义市场经济发展面临诸多矛盾

经过近20年的发展，我国建立了社会主义市场经济体制的基本框架，经济得以快速增长。与此同时，粗放和外延型的增长方式也付出了资源浪费和环境恶化的代价，经济进一步发展面临着人均资源不足、环境脆弱等因素的制约，加之出现了买方市场，已经无法延续长期实行的粗放型、外向型的经济增长方式。地区和城乡差距、收入差距扩大等现象的出现，导致社会问题日趋严重，凸显了市场调节在这些方面的"失灵"，也意味着经济繁荣并不能自动实现社会公平公正和社会稳定。在20世纪80—90年代的经济体制改革中，改革的对象囊括了城镇居民的就业、医疗、教育、住房体制，政府不断剥离这方面的沉重负担，而将其交给市场。过度市场化影响了人民的生活质量，看病难、看病贵的问题尤为突出，一段时期内，跨入新世纪的中国经济社会生活中存在着大量结构性的不稳定因素。[①]

人类创造物质文明的实践活动是否造成生态文明的退化和危机，在很大程度上取决于所实行的经济和政治制度。已经实现工业化道路的西方国家大都采用资本主义生产方式和自由放任的市场经济体制，这一制度无法有效平衡个人利益与社会利益的矛盾，无法克服资本在逐利动机驱动下为谋求个人利益最大化而对自然资源和生态环境的破

---

①　胡鞍钢等总结了下列不稳定因素：世界上最大规模的经济结构调整；世界上最大规模的"下岗洪水"和"失业洪水"；世界上最显著的城乡差距和地区差距；世界上基尼系数（收入不平等性）增长最快的国家之一；世界上最严重的腐败及其最大的经济损失，世界最大范围的生态环境破坏。参见胡鞍钢，王绍光，周建明主编《第二次转型：国家制度建设》，清华大学出版社2003年版，第3页。

坏和掠夺，这是工业文明与生态文明相脱节的重要制度原因。① 虽然
我国在发展过程中借鉴了西方发达国家的经验，但并没有充分吸取其
经验教训，在实践中也并没有自觉地加以纠正。比如在环境保护方
面，在相当长一段时间内，采取的是粗放型发展模式，导致资源浪费
和环境破坏。

虽然党始终强调社会主义市场经济要实现全面发展，发展成果让
全体人民受益。但是在实际工作中，为了实施赶超战略，我国经济的
发展过于重视经济增长的速度和总量的增加，而忽视了环境资源保
护，忽视了人民多方面的需求。

发展中面临的一系列问题充分说明，仅有经济增长是远远不够
的，很多问题也不能完全交给市场去解决。社会主义市场经济发展进
入关键时期，科学发展观可以说是必然的选择。科学发展观所研究的
问题，实际上正是围绕政府与市场关系展开的，是为了解决我们在发
展社会主义市场经济中遇到的问题。在科学发展观的指导下，我们开
始从追求单纯的经济增长转向经济社会协调发展，从追求单一的物质
增长转向人的全面发展。一系列发展中存在的问题逐步得到解决，缩
小城乡之间、地区之间、社会不同群体之间的利益差别，缓解存在的
各种利益矛盾。经济社会发展中关系到人民群众切身利益的民生问题
得到更多关注，全体人民共享经济发展成果被置于更加重要的地位、
资源浪费和生态环境恶化的趋势得到扭转、生态文明建设被纳入中国
特色社会主义事业总体布局。但总的来讲，发展失衡的问题并没有得
到根本解决。

**三　以人民为中心的发展思想是对新时代社会主义市场经济条件
下现实问题的积极回应**

党的十八届五中全会审议通过的《中共中央关于制定国民经济和
社会发展第十三个五年规划的建议》把坚持人民主体地位作为"十

① 何自力：《从新中国 70 年发展看中国模式的制度优势》，《西部论坛》2019 年第 5 期。

三五"时期我国发展的指导思想,强调"必须坚持以人民为中心的发展思想,把增进人民福祉、促进人的全面发展作为发展的出发点和落脚点",体现了我们党的宗旨和立场。

以人民为中心的发展思想是发展行动的先导,是发展思路、方向、着力点的集中体现。这一思想来源于改革开放的发展实践,是实践与理论的互动。在当前全面深化改革、全面建成小康社会和实现中华民族伟大复兴的历史时刻,习近平总书记提出"以人民为中心"的发展思想,具有鲜明的现实指向,是对新时代社会主义市场经济条件下现实问题的积极回应。

(一)以人民为中心的发展思想的现实指向

从新中国成立起,我们党就带领全体人民不断朝着共同富裕的目标前进。经过长期艰苦奋斗,我国经济发展的"蛋糕"不断做大,人民生活质量和社会共享水平显著提高。但同时也存在着分配不公的突出问题,收入差距问题、城乡区域公共服务水平差距较大的问题不容忽视。这些问题的存在影响社会稳定、阻碍共享发展的实现,应当作出更有效的制度安排加以解决。

分配不公问题比较突出。自改革开放以来,我国经济基本维持了高速增长的态势,总体上来看,城乡居民收入水平显著提高。与此同时,收入分配领域也积累了不少矛盾,分配不公问题比较突出。国际上通常采用基尼系数来衡量居民收入分配差距,改革开放以来基尼系数的变化显示,我国收入不平均程度呈现持续扩大的趋势。从20世纪70年代末开始,居民收入差距开始扩大,但并不严重,而在90年代中后期之后,收入分配不均程度明显增加,绝大多数年份的基尼系数都在0.4以上。2008年是转折点,之后基尼系数开始有所下降,但基尼系数仍然大大高于世界公认的0.4。[1]

---

[1] 张建刚:《新的历史条件下共同富裕实现路径研究》,中国社会科学出版社2018年版,第54页。

导致收入差距不断拉大的原因众多，市场化改革的推进是主要原因。[①]从近代和当代所有市场经济的实践来看，市场竞争机制导致优胜劣汰，容易产生收入分配差别扩大现象。在不同的经济主体、社会成员之间，要素的禀赋和数量分布并不均衡，人们之间也存在着体能、智商以及家庭条件等方面的天然差别，必然导致一定的收入差距。市场经济要求收入按"要素"投入分配，与按劳动投入分配相比，土地、资本、知识等要素回报更高、收益更快。资本追求利润最大化，且具有集中的趋势，并在与劳动博弈中处于优势地位，因此不可避免会出现劳动报酬比重过低的现象。有研究表明，在造成贫富差距的诸因素权重中，私营企业主与雇佣工人收入差距的权重为46.50%，是造成贫富悬殊的最主要因素。[②]虽然我国的劳动报酬率从2011年开始逐步提高，但与很多发达国家相比，仍然较低。劳动报酬率越低，也就决定了绝大多数劳动者的收入就越低，而少数资本、土地、技术等要素所有者的收入就会越高，居民收入差距就会越大。改革开放以来，我国基尼系数不断提高，很大程度上就是由于劳动报酬率长期处于较低水平导致的。

在这样的情况下，就需要政府通过再分配来对收入进行调节，而我国再分配领域的调节机制作用有限，制约了收入差距问题的有效解决。据有关研究人员测算，中国初次收入不平等程度在数值上和经济合作与发展组织（OECD）国家相差不大，但中国居民收入再分配后基尼系数比初次分配仅下降几个百分点，调节力度只有百分之十几，小于OECD国家下降幅度。[③]

城乡收入差距、区域公共服务水平差距较大。改革开放后，城乡之间的收入差距在较长时间内是持续扩大的，城乡居民收入比在

---

①　张建刚：《新的历史条件下共同富裕实现路径研究》，中国社会科学出版社2018年版，第59—60页。

②　杨承训主编：《中国特色社会主义经济学》，人民出版社2009年版，第444—448页。

③　国务院发展研究中心主办：《2016年中国经济年鉴》，中国经济年鉴社2017年版，第15页。

2009 年达到最高值。近年来，为提高农村居民收入，政府通过加快推进新型城镇化，发展适度规模经营，开展大规模农田水利基础设施建设，促进农村一、二、三产业融合，加快农产品价格体制改革，缩小城乡公共服务差距等多项措施，有效扭转了城乡居民收入差距不断扩大的趋势。城乡之间不平衡最突出的表现就在于基本公共服务发展水平的不平衡，公共服务仍然是乡村发展的明显短板。随着我国基本公共服务均等化进程加快，城乡居民医疗保障制度从无到有、从局部到整体，实现了全覆盖；城乡义务教育全面实现；城乡基本养老保险制度全面建立。但是基本公共服务水平仍然较低，城乡基本公共服务标准，尤其是教育、医疗、社会保障等方面，差距较大，优质基本公共服务供给的城乡不均衡问题突出。

（二）政府与市场相协调是以人民为中心发展思想的必然要求

1. 人民共享改革发展成果要求政府与市场相协调

社会主义市场经济坚持公有制为主体，国有经济为主导，其发展具有内在的公平性。[①]之所以出现产能过剩、贫富差距扩大等问题，很大程度是因为没有正确处理好政府与市场关系，特别是对市场的负面效应没有足够重视和有效应对。以人民为中心，要求政府与市场关系相互协调，在发展中解决收入差距扩大、区域公共服务水平差距较大等问题，让广大人民群众共享改革发展成果。

只有发展才能解决中国面临的各种问题，要满足人民日益增长的美好生活需要，仍要坚持做大"蛋糕"。中国经济自 2010 年之后，没有延续以往 30 年年均 10% 的高速增长，进入以速度变化、结构优化、动力转换为特点的新常态。在"十二五"时期，面临错综复杂的国际环境和艰巨繁重的国内改革发展稳定任务，我国发展仍然取得了重大成就，形成经济结构优化、发展动力转换、发展方式加快转变的良好态势。虽然经济长期向好的基本面没有变，但是发展不平衡、不协调、不可持续的问题仍然突出。"十三五"时期我国面临的外部环境

---

① 李成勋：《两种市场经济异同辨析》，《毛泽东邓小平理论研究》2016 年第 11 期。

不稳定不确定因素增多，特别是国际金融危机深层次影响在相当长时期依然存在，全球经济贸易增长乏力，保护主义抬头，给我国经济发展带来一定压力。要做大"蛋糕"，坚持社会主义市场经济的改革方向尤为关键，应当坚持和完善社会主义市场经济体制，完善产权制度和要素市场化配置，使市场在资源配置中发挥决定性作用。

要让人民群众共享改革发展的成果，必须采取有效措施解决社会公平正义问题。公平正义问题是市场自身所无法解决的，主要依靠政府才能解决。政府制定和实施相应的政策，诸如分配政策、税收政策、区域政策和扶贫政策等，缩小收入差距、避免出现两极分化。

2. 满足人民美好生活需要要求政府与市场相协调

人民需求随时代发展而变化，在社会主义市场经济条件下，市场和政府都要服务于人民的需求。进入新时代，人民美好生活需要的范围扩大，对质量的要求更为突出。教育、就业、收入、社会保障、医疗卫生服务等多方面综合性需求，都不是政府或者市场单方面所能满足的，市场化过程中，教育、住房、医疗卫生等领域还出现了过度市场化倾向。在社会主义市场经济发展的过程中，坚持以人民为中心的发展思想，对政府的要求更高。政府应当始终注重保障和改善民生、不断强化公共利益倾向、纠正过度市场化、提高保障水平和改善民生。

生态文明关系人民福祉。随着生活水平提高，人们对良好生产生活环境、生态产品的需求凸显。人民利益是经济发展的初衷和归宿，如果在发展过程中人们的生活和福利水平因破坏环境而受到影响或降低，就违背了经济发展的本意。自由放任的市场经济体制无法有效平衡个人利益与社会利益的矛盾，无法克服资本在逐利动机驱动下为谋求个人利益最大化而对自然资源和生态环境的破坏与掠夺。社会主义市场经济更加重视人民利益和需求，必然要求处理好经济发展与生态环境保护的关系。只有坚持以人民为中心的发展思想，才能不以牺牲环境为代价去换取一时的经济增长，形成节约资源、保护环境的空间格局、产业结构、生产方式。实现经济发展与生态环境保护相协调，满足人民美好生活需要，必然要求政府更好发挥作用，对市场主体进行有效的引导和监督。

第二节　以人民为中心，实现政府与市场良性互动

改革开放以来，党和政府以人民为中心，引入市场体制、塑造市场体系、为市场发展创造良好法治和社会环境。政府不断推动自身改革和经济体制改革，有力地推动了市场的繁荣和发展，形成了有利于人民干事创业的体制机制，为人民提供了更广阔的发展空间，释放了人民群众蕴藏的巨大才华和能量。市场每一次大的发展又对政府职能的改革提出了新的要求，政府能够顺应市场发展的要求进一步改革机构和转变职能。由此，政府和市场之间形成了功能协同，良性互动，跳出了西方国家经济自由主义和国家干预主义循环交替的怪圈。

正因为始终能秉持以人民为中心，政府出台的每一项改革措施和政策，都能够从人民利益出发，致力于满足人民生活多方面的需求。因此，改革措施和政策能够得到人民的普遍支持和拥护，激发整个社会的创造性活力。广大人民群众在共享社会发展进步所带来的物质财富和精神财富过程中，发自内心拥护党和政府的领导，为实现建成社会主义现代化强国的奋斗目标而努力。只有以人民为中心发展思想引领下的政府和市场，才能够使 14 亿人形成"发展共同体""利益共同体""命运共同体"，实现共同发展、共同分享、共同富裕。

一　持续推进政府机构改革，激发市场活力和人民创造性

以人民为中心是深化党和国家机构改革的重要原则。为适应经济改革和发展的需要，我国政府机构改革持续推进。

规模较大的政府机构改革始于 1982 年。这次改革精简了政府机构，国务院机构由原来的 100 个减少到 61 个，在废除事实上存在的

领导职务终身制，实现干部队伍革命化、年轻化、知识化和专业化方面，发挥了重要作用。

此后行政机构和人员再次膨胀，妨碍了经济改革进一步发展。因此1988年又开始了新一轮的机构改革，按照转变职能、精干机构、精简人员、提高效率，以及逐步理顺政府和企事业单位的关系等原则，国务院部委由原来的45个减为41个①，这次改革提出了转变政府职能的目标，对以后的政府机构改革产生了深远影响。

20世纪90年代，先后于1993年和1998年进行了两次政府机构改革，在中央政府和地方政府层面都取得了较大成效。1993年的改革把适应建立社会主义市场经济体制的要求作为改革目标，把转变政府职能作为改革重点，减少了行政事务和对企业的直接管理。1998年的改革按照发展社会主义市场经济的要求，根据精简、统一、效能的原则，转变政府职能，实现政企分开。通过改革，国务院各部门转交给企业、社会中介组织和地方的职能达200多项。

进入21世纪，政府机构改革持续推进，2003年、2008年、2013年、2018年进行了四次改革，推动转变政府职能，更好满足社会主义市场经济要求。党的十八大提出"要按照建立中国特色社会主义行政体制目标，深入推进政企分开、政资分开、政事分开、政社分开，建设职能科学、结构优化、廉洁高效、人民满意的服务型政府"②。党的十八大以后，中国政府在解决简政放权深层次问题上取得了重大进展，带动了"放管服"多方面的政府职能转变，在建设人民满意的服务型政府上迈出重要步伐，不仅有效激活了市场主体活力，在缓解经济下行压力上发挥了重要作用，并且在推动形成市场决定资源配置新格局中扮演了重要角色。2023年，党的二十届二中全会审议通过了在广泛征求意见的基础上提出的《党和国家机构改革方案》，新

---

① 《1988年国务院机构改革的情况》（http：//www. scopsr. gov. cn/zlzx/jgyg/lcgw-yjggg/201811/t20181121_ 355050. html）。

② 《十八大报告辅导读本》，人民出版社2012年版，第28页。

一轮机构改革着力解决一些事关重大、社会关注的难点问题，对经济社会发展将产生重要影响。实践证明，我国政府职责体系日益健全，成效显著，有效保障了社会经济持续较快发展和国家长治久安。

推进以行政审批制度改革为重点的简政放权成为政府管理体制改革的重点。投资审批制度改革取得了突破，国务院取消和下放行政审批事项的力度逐渐加大，到2017年，共有670个项目、分为十个批次被取消或下放，占原有事项的比例接近50%，多数省份行政审批事项减少50%左右，有的省份达到70%，有的地方开展"极简审批"，减少各类"循环证明""奇葩证明"800余项。① 2013年初，国务院部门共有非行政许可审批453项，经过2013—2014年7轮清理，已经取消209项。② 2015年5月，国务院出台相关规定，正式宣布取消非行政许可审批事项，涉及44个部门和单位，这意味着非行政许可审批正式退出历史舞台。此外，通过在全国范围内推进行政程序标准化、信息化，大大减少了行政部门的自由裁量权，优化了办事流程，在规范权力运行、优化服务、提高行政效能上取得重要进展。

2017年"放管服"改革持续深化。进一步取消下放国务院部门行政审批事项、中央指定地方实施的行政许可事项、审批中介服务事项，"多证合一"改革全面推开，"证照分离"试点范围扩大，工业产品生产许可证压减50%，"双随机、一公开"监管加快推行。市场负面清单制度改革试点范围扩大到15个省市。企业投资项目核准和备案管理办法出台。精简合并投资项目报建审批事项，探索包括投资项目承诺制、先建后验、多评合一、多图联审等管理模式。政务信息系统整合共享推进，"物联网＋政务服务"水平提升，全国投资项目在线审批监管平台、全国信用信息共享平台、全国公共资源交易和招标投标公共服务平台、全国12358价格监管平台"四个平台"功能不

---

① 《行政审批改革由点及面不断深化》（http://www.gov.cn/xinwen/2017 – 09/29/content_ 5228369. htm）。

② 《国务院印发〈关于取消非行政许可审批事项的决定〉》（http://www.xinhuanet.com/politics/2015 – 05/14/c_ 1115284537. htm）。

断完善。①

在经济下行压力不断增大的背景下，以简政放权为重点的改革有效地激发了市场和企业活力，释放了经济增长的正能量，缓解了经济下行压力。简政放权改革进展大的地区，经济增长速度也相对较快。同时，改革也有利于促进形成"大众创业、万众创新"的新局面。国家工商总局统计数据显示，2017 年，全国新设市场主体 1924.9 万户，同比增长 16.6%，比上年提高 5 个百分点；全年新设企业 607.4 万户，同比增长 9.9%；新设个体工商户 1289.8 万户，增长 20.7%，大大超过了 2016 年 5.7% 的增速。②

从中央到地方在推进商事登记制度改革上也取得了重大突破。在简化市场主体登记手续上，推行"互联网 + 政务服务"，推出"一窗受理、一站服务"等便民举措，取消、简化一大批不必要的证明和繁琐手续，大大减少了企业、群众的奔波之苦。截至 2018 年 2 月，我国企业注册的全程电子化网上渠道已经开通，完全可以做到全程电子化和不见面审批。③ 商事制度改革，不仅提高了企业注册便利化程度，而且优化了企业营商环境。根据世界银行发布的《2020 年全球营商环境报告》，在全球营商环境改善幅度最大经济体排名中，中国大陆连续两年位列前十，2019 年度全球营商便利度排名第 31 位，相较 2018 年度的第 46 位，有了大幅跃升。④

创新政府服务模式，提高群众满意度。进入大数据时代，无论是中央政府还是地方政府，通过互联网、大数据不断创新政府服务模式，优化政府服务流程，通过推出一系列便民举措为企业、群众提供

① 国务院发展研究中心主办：《2018 年中国经济年鉴》，中国经济年鉴社 2019 年版，第 9 页。

② 《2017 年我国日均新设企业 1.66 万户，创业创新热潮高涨》（http：//news. sina. com. cn/c/2018 - 01 - 19/doc - ifyquixe4290893. shtml）。

③ 《四方面重点改革促企业注册便利化》（http：//www. scio. gov. cn/xwfbh/xwbfbh/wqfbh/37601/38037/zy38041/Document/1624279/1624279. htm）。

④ 《世界银行〈2020 年全球营商环境报告〉发布——中国排名连年跃升》（https：//www. sohu. com/a/349651862_ 676545）。

更多便利。

二　政府的公共利益倾向不断强化，及时纠正过度市场化

凡是涉及公共领域，在市场化方面要极为审慎，不能以市场化为名损害广大人民的基本福利，也不能以损害整个社会的和谐稳定为代价来盲目推行市场化。以人民为中心，使得政府具备纠偏的自觉，能够在社会主义市场经济发展的过程中，始终注重保障和改善民生，不断强化公共利益倾向，纠正过度市场化。

（一）医疗卫生领域

医药卫生是特殊领域，关系到公平正义，不能简单地走市场化道路。[①]

新中国成立之后，我国建立起低水平、全覆盖的基本医疗卫生保障制度，大幅度提高了人民健康水平。新中国成立初期，人均寿命只有 35 岁，而到了 1978 年，已经达到 68 岁，这一成就的取得，充分体现了社会主义制度的优越性。改革开放之初，我国医疗卫生领域也面临着供给不足的问题。政府扩大卫生部门自主权，同时实施承包制后，大大刺激了医院创收。公立医院在改革初期推行"以药养医"等创收措施，看病难看病贵问题开始显现。1992 年我国加大了社会主义市场经济改革力度，对医疗卫生领域也产生了重大影响。政府投入下降，加之医疗领域的价格上涨较快和我国医疗保险制度滞后，看病贵成为社会突出现象之一。

有学者指出，中国经济连续 20 多年高速增长，医疗卫生领域的投入相应增加，由于政府失职和市场失灵，并没有直接带来人们健康水平的提高。鉴于医疗卫生的特殊性、国家主导的医疗卫生体制在公平和效率上相对于市场主导体制的优越性、中国现阶段社会经济发展水平、医疗卫生对于经济发展的重要影响等因素，中国政府应采用政

---

① 李玲：《中国学派在实践中找到真理》（http：//www.cwzg.cn/theory/201910/52344. html）。

府主导型的医疗体制。[1]

2006 年,党的十七大报告明确提出要坚持公共医疗卫生的公益性质。2009 年发布的《中共中央、国务院关于深化医药卫生体制改革》的意见,明确了医改的宗旨是"维护人民健康权益"。2007 年以后,政府对医疗卫生领域的投入明显上升,个人卫生支出占卫生总费用的比重开始下降。

十八大以来,我国加大了对医疗卫生领域的投入,2012—2016年,政府卫生支出比重保持在 30% 左右,个人卫生支出占比降幅显著,城乡居民"看病贵"的问题得到了初步缓解。医疗卫生服务体系逐步健全,基层医疗服务质量大幅提升,公共卫生事业取得明显成效。随着我国公共卫生服务能力的不断提升,我国居民预期寿命也不断提高。2015 年我国平均预期寿命为 76.34 岁,比 2010 年提高了1.51 岁。

全国民营医院所占比例已近 64%,只是数量很多,在床位、能力等其他方面,跟公立医院相比还有很大距离。私立医院虽然能满足人们的个性化需要,但更多是以收入最大化为导向,社会主义国家更加关注人民群众的健康需求,以为人民健康服务为宗旨的公立医院发挥着不可替代的作用,这种作用在面对突发公共卫生事件等危急情况时尤为突出。2020 年初新冠疫情在武汉暴发,暴露出武汉医疗服务整体力量严重不足,其中原因之一是公立医院占比显著低于全国,2017年武汉市有公立医院 96 家,民营医院 258 家,民营医院占比 72.9%,显著高于全国民营医院占比 64%。[2]

我们的医改必须坚持公共医疗卫生的公益性质,把公立医院办好,反对过度市场化。

(二)教育

教育属于准公共产品,发展教育事业是促进社会公平的重要手

---

[1] 李玲:《中国应采用政府主导型的医疗体制》,《中国与世界观察》2005 年第 1 期。
[2] 《专访李玲:疫情演化至今,是制度不足还是人的问题?》(http://www.globalview.cn/html/societies/info_ 36377. html)。

段。全面推动教育事业发展，不仅是为满足经济社会发展对人才的需要，也是为满足广大人民群众对更好教育的期盼。

社会主义国家应当尽最大力量来培育人力资本。从短期来看，政府花费财力培育人力资本，以扩大有效的公共开支来扩大有效需求，刺激经济发展以走出资本扩张的经济悖论。从长期来看，培育人力资本可以提升国家未来生产力与国际竞争力，从而增加有效供给。同时，培育人力资本，使劳动者能够在一定程度上按照市场规则分配到部分剩余价值，从而在市场上建立劳动与资本公平分配的原则，有利于通过市场本身在一定程度上减少和消灭剥削。[①]

随着 20 世纪 90 年代教育领域市场化的改革深入，我国教育经费中国家财政性教育经费的占比不断下降，一直持续到 2005 年，仅为61.3%，比 1991 年下降了超过 23 个百分点。政府教育经费投入的相对下降，大大增加了居民的教育负担，教育供给质量也随之下降。

从 2006 年开始，国家财政性教育经费占比开始回升。到 2012 年，国家财政性教育经费占比上升到 80.78%。政府投入的增加改善了教育供给的质量，同时也降低了居民的学费负担。

党的十八大以来，我国坚持把教育摆在优先发展的战略位置，通过深化教育改革提升教育发展水平，努力保障人人享有更好更公平的教育机会，使人民群众的教育获得感不断增强。教育经费投入力度持续加大，2012—2016 年，我国财政性教育经费投入由 2.3 万亿元增长至 3.1 万亿元，年均增长 7.9%，占 GDP 的比重稳定在 4% 以上。[②] 2013 年之后，中央和国务院相继出台了一系列促进教育公平的文件，教育的公平性、普惠性不断提升。

---

① 鲁品越：《社会主义对资本力量：驾驭与导控》，重庆出版社 2008 年版，第96—97 页。

② 彭森主编：《十八大以来经济体制改革进展报告》，国家行政学院出版社 2018 年版，第 317 页。

三　从人民需要出发，持续推动非公有制经济发展

改革开放以来，在党和国家方针政策指引下，非公有制经济得以迅速崛起。在四十多年的时间里，非公有制经济支撑了经济社会发展、增强了我国自主创新能力、创造了大量就业机会、增加了税收、改善了人民生活，让中国经济社会充满活力。

（一）破除对非公有制经济发展的思想束缚

党的十一届三中全会以后，贯彻执行了一系列保护个体经济的政策，党的十二大肯定了个体经济不可或缺的补充地位，党的十二届三中全会提出："特别是在以劳动为主和适宜分散经营的经济活动中，个体经济应该大力发展。"[①] 在相关政策支持下，个体经济以较快的速度恢复发展，私营经济也随之获得了相应发展。对于私营经济，长期以来存在着根本否定其在我国社会主义初级阶段的地位和作用的传统思想，经济改革和经济发展则要求从根本上破除这方面的束缚，赋予私营经济以合法地位。党的十三大顺应了这一客观要求，明确提出："私营经济一定程度的发展，是公有制经济必要的和有益的补充。"[②] 1988 年七届全国人大一次会议通过的宪法修正案也确立了私营经济的法律地位，"国家允许私营经济在法律规定的范围内存在和发展。私营经济是社会主义公有制经济的补充。国家保护私营经济的合法的权利和利益，对私营经济进行引导、监督和管理"[③]。有了法律、法规的保障，邓小平南方谈话也创造了良好的舆论氛围，私营经济迅速发展。

1992 年党的十四大进一步明确了"多种经济成分长期共同发展"，党的十五大确立了初级阶段的基本经济制度，把私营经济和其他非公有制经济确定为"社会主义市场经济的重要组成部分"，2002

---

①　《中共中央关于经济体制改革的决定》，人民出版社 1984 年版，第 33 页。
②　《中国共产党第十三次全国代表大会文件汇编》，人民出版社 1987 年版，第 32 页。
③　《中华人民共和国法律汇编（2004）》，人民出版社 2005 年版，第 36 页。

年党的十六大进一步提出"两个毫不动摇"①。宽松的法律和政策环境，再加上其自身在加强经营管理、实现技术进步、调整产品结构和培训人才等方面所做的努力，非公有制经济继续快速发展。

进入新时代以来，党中央、国务院支持保护民营经济发展上升到新的历史高度。党的十八届三中全会再次重申了非公有制经济的重要地位，强调："公有制经济和非公有制经济都是社会主义市场经济的重要组成部分，都是我国经济社会发展的重要基础。"② 党的十九大把"两个毫不动摇"写入新时代坚持和发展中国特色社会主义的基本方略，作为党和国家一项大政方针进一步确定下来。

习近平总书记多次重申坚持基本经济制度，坚持"两个毫不动摇"，为民营经济发展营造良好的法治环境和营商环境，依法保护民营企业权益，把民营企业和民营企业家当作自己人，为新时代民营经济繁荣发展注入强大的信心和动力。

（二）不断改善非公有制经济发展环境

从作为国家根本大法的宪法到各项具体政策，使得非公有制经济具备了良好的发展环境，从而能够更好发挥作用。

1. 营造公平竞争的市场环境和平等保护的法治环境

不断扩大非公有制经济市场准入。党的十八届三中全会审议通过的《中共中央关于全面深化改革若干重大问题的决定》为非公有制经济发展提供了前所未有的理论支持、政策支持和纲领性的肯定，明确了支持非公有制经济发展的方向和重点。近年来，中央推出了一大批扩大非公有制企业准入、平等发展的改革举措，陆续制定了一系列相关政策措施，形成了鼓励、支持、引导非公有制经济发展的政策体系，非公有制经济发展正处于前所未有的良好政策环境和社会氛围。

---

① 《中国共产党第十六次全国代表大会文件汇编》，人民出版社 2002 年版，第 26 页。

② 《中共中央关于全面深化改革若干重大问题的决定》，人民出版社 2013 年版，第 8 页。

党的十八大以来，国务院采取了一系列鼓励民营经济发展的重大举措，比如允许民营经济进入电信、石化等垄断性行业，允许兴办民营股份制银行，允许民营企业参与基础设施和公共服务类政府与企业合作（PPP）建设项目，提高对小微企业的税收起征点，通过"营改增"降低以民营经济为主体的第三产业税收负担，鼓励民营企业走出去到海外投资，等等，民营经济发展的政策和市场环境逐步优化。

产权保护制度进一步完善，产权保护法治化不断推进。具备健全的产权制度，市场经济才能良性运转。改革开放以来，从认识产权的重要性到赋予产权应有的市场地位，各种要素流动重组日趋频繁，为市场注入了活力。党的十九大报告更是指出了产权制度和要素市场化配置的重要性，经济体制改革必须以两者的完善为重点，从而能够有效激励产权、促进要素自由流动和企业优胜劣汰。依法保护企业家合法权益的法治环境不断健全，公平竞争诚信经营的市场环境、尊重和激励企业家干事创业的社会氛围日渐形成。

2. 实施减税降费，切实降低企业负担

十八大以来，为了支持实体经济发展，降低企业负担，尤其是支持小微企业和科技创新型企业发展，国家积极实施减税降费政策，培育经济增长的内生动力。作为近年来实施的减税规模最大的改革措施，营改增是政府推进财税体制改革的重点之一。十八大之后的五年里，通过实施营改增我国累计减税 2.1 万亿元人民币，结合采取小微企业税收优惠、清理各种收费等措施，市场主体负担减轻了 3 万多亿元人民币。① 在营改增的同时，政府取消、停征、减免一大批行政事业性收费和政府性基金。在实体经济不振的情况下，中央和地方政府把税收政策作为支持小微企业发展的重点。2013 年之后，新出台了近 70 项税收优惠政策。

---

① 《刘鹤的新职位 关系到七千多万企业的发展》（http：//finance. sina. com. cn/china/gncj/2018 – 06 – 20/doc – ihefphqk5086547. shtml）。

四　建构统一有序的社会主义市场体系，更好满足人民美好生活需要

市场经济要发生作用，除了各种制度的支撑，需要活跃的市场参与主体，更需要一个健全的市场体系。市场体系是市场经济运行的重要载体，是市场机制发挥作用的基础，企业公平竞争的前提，也是政府进行宏观调控的必要条件。

党和政府一直在探索如何利用市场规律，遵守市场规则，释放市场的力量服务于中国经济，市场的作用不断被提升，各市场体系框架构建已经基本完成。

（一）消费品市场

消费品市场是现代市场体系的重要组成部分，包括居民衣食住行的方方面面，关系着国计民生，是我国市场体系中发展最早、最快，也较为完善的市场。在20世纪80年代，通过渐进式的价格改革，培育市场主体，不断满足人民日益提高的生活需求。随着我国经济快速发展，消费品市场也随之快速增长。经过四十多年的改革，消费品市场的市场化程度不断加深，运行机制以市场调节为主、政府干预市场只在极少领域，并通过间接控制的方式进行，市场机制日益发挥更大的作用。消费品价格基本由市场决定，政府定价的比例占全部消费品的比例已经到了可忽略不计的程度，价格波动幅度逐渐变小。消费需求升级、食品消费占居民全部消费的比重下降，医疗保健、教育文化、耐用消费品等高层次需求增加，并逐步由实物型消费向服务型消费转变。

互联网经济对我国消费品市场产生了重大影响。随着我国成为仅次于美国的互联网经济大国，互联网对我国实体经济尤其是消费品市场的商业流通产生重大影响，实体零售业受到冲击，消费者的购买行为发生重大改变。特别是电子商务在我国的普及，加剧了供给主体之间的竞争，减少了消费者的各项成本，从而提升了消费品市场的资源配置效率。

随着我国经济发展进入新常态，为了解放和发展生产力，推动经济发展，党和政府提出了供给侧结构性改革政策。我国开始向高收入国家迈进，人们消费升级加快，对供给提出了更高要求。不同于20世纪70年代兴起的西方供给学派只注重供给而忽视需求、只重视市场功能而忽视政府作用，我国的改革从社会主义的生产目的出发，通过政府和市场作用协调配合，不仅强调供给，而且重视供给能力与人民需要变化的适应性。对于供给侧而言，更加注重质量提高和结构优化，推动新技术、新产业、新模式加快发展，以适应人民群众的新需求。对于需求侧而言，更加关注人民扩大的、个性化的需求，特别是生态环境方面的需求。消费品市场经过改革开放40多年的发展，规模不断增长、产品日益丰富、居民消费水平显著提升、全社会福利大幅改善。新常态下，通过深化供给侧结构性改革，消费品市场向着适应广大人民群众不断升级和个性化的物质文化与生态环境需要的方向升级，更好满足人民美好生活需要。同时，有效供给能力提升，满足一些有大量购买力支撑的消费需求，也能够减少"需求外溢"，增强消费对于经济发展的拉动作用。

（二）劳动力市场

我国劳动力市场在改革开放之后迅速发展，目前已经形成以公共就业服务机构为核心、社会中介服务机构为重要力量、网上招聘和现场招聘等多种形式并存的劳动力市场体系。市场成为调节劳动力供求关系的主要手段，通过市场就业成为劳动力就业的主要途径。随着教育的发展，我国劳动力的平均受教育年限在不断增加，经济体制改革和对外产业分工也促使我国劳动力素养不断提高，加之劳动力市场运作效率持续提高，为我国经济发展提供了重要的推动力。

随着劳动力市场的逐步完善，对劳动者的保护也日益增强。完善的劳动力市场不仅需要供需双方的竞争和博弈，而且尤其需要中立第三方的介入。我国长期以来劳动力数量过剩，作为劳动力的需求方，在博弈过程中占据较大优势。政府作为权衡力量，出台了一系列法律法规保障劳动者的利益，比较重要的是《最低工资规定》和《中华人民共和国劳动合同法》。[①]

"就业是最大的民生。"[②] 政府坚持就业优先、实施积极就业政策、不断健全促进就业创业体制机制、强化公共就业服务、实现更高质量和更充分就业。针对高校毕业生等青年群体，采取多种方式促进多渠道就业创业。通过结合产业升级开发更多就业岗位、购买基层公共管理和社会服务岗位、鼓励到基层工作、提高公务员定向招录和事业单位优先招聘比例、鼓励自主创业、整合发展国家和省级高校毕业生就业创业基金等多种方式促进高校毕业生就业创业。

（三）房地产市场

我国房地产市场发育较晚，但发展速度很快，多年来一直是国民经济支柱产业和居民资产的主要配置渠道。进入 21 世纪以来，我国经济的高速增长带来居民购买力增强、商品住宅市场得到极大发展、居民住房条件持续改善。2012 年，我国城市人均住宅面积已达到 32.91 平方米，摆脱了持续多年的全社会住房紧张格局。

房地产市场的快速发展，实现了住房总量的巨大跃升和居民住房条件的迅速改善，一方面为国民经济增长提供了新动力，但同时也导致房地产投资快速增长、房地产价格大幅度上涨，在大城市已经完全脱离了当地居民的平均收入水平。我国住房总量已经完全能够满足居民的住房需求，但不同居民占有住房之间的差异性巨大。房价一度上涨过快，远远高于理论的价格，在一线和主要的二线城市，房价脱离了经济发展基本面的支持，存在明显的不合理因素或者说泡沫。[③] 作为人们生活的基本条件，住房保障是政府的基本职能。在任何一个国家，单纯依靠市场，都无法解决人们的住房问题。房地产业关系国计

---

① 张卓元、房汉廷、程锦锥：《市场决定的历史突破：中国市场发育与现代市场体系建设 40 年》，广东经济出版社 2017 年版，第 124 页。

② 《政府工作报告：视频图文版（2021）》，人民出版社 2021 年版，第 3 页。

③ 《专家：房地产不能过度市场化，让属于政府的归政府》（http://www.chinanews.com/hb/2014/02-12/5829088.shtml）。

民生，其市场化使人们受益良多，但过度市场化是房地产业失去控制的根本原因。①

　　房地产市场，构建住房供应体系，我国总的方向是"以政府为主提供基本保障、以市场为主满足多层次需要"②。党的十九大明确提出"坚持房子是用来住的、不是用来炒的"，一方面，坚持市场化改革，通过发挥市场活力，以满足人们不同层次的住房需求；另一方面，政府加强对住房市场的顶层设计，加快建立统一、规范、成熟、稳定的住房供应体系，为困难群众提供基本住房保障，平衡不同群体的利益，让人民群众住有所居。

　　（四）金融市场

　　20世纪80年代，我国政府开始逐步恢复金融体系，建立金融市场，已经初步形成了多元化的竞争性金融体系。市场主体多元化，主要有政策性银行、商业银行、信用社等银行业金融机构，以及证券公司、财务公司和保险公司等非银行金融机构和企业等。市场结构多样，货币市场、资本市场、外汇市场、黄金市场、期货市场、保险市场等市场体系已经形成。市场规模不断扩大，系统的完备性、风险管理、治理结构的健全性逐步提高，监管方式不断完善，政府更加注重宏观审慎监管和防范系统性金融风险。

第三节　共同富裕目标导向下的政府与市场关系

　　新时代，以人民为中心，就是要解决好共享发展的问题。共享理念实质就是坚持以人民为中心的发展思想，体现的是逐步实现共同富裕的要求。③

　　坚持共同富裕，不仅是社会主义的最大优越性，也是党和政府

---

① 吴莲：《从房地产失控看过度市场化的危害》，《马克思主义研究》2007年第2期。
② 《习近平谈治国理政》第1卷，外文出版社2018年版，第193页。
③ 《习近平谈治国理政》第2卷，外文出版社2017年版，第214页。

合法性的基础。能否坚持共同富裕，防止两极分化，是中国改革成功与否的关键标志。邓小平多次强调要在 20 世纪末就把解决贫富分化和共同富裕的问题提到议事日程上。党的十九大报告对实现共同富裕作出了战略部署，即，从 2020 到 2035 年，全体人民共同富裕迈出坚实步伐；从 2035 年到 21 世纪中叶，我国全体人民共同富裕基本实现。党的二十大报告指出："共同富裕是中国特色社会主义的本质要求，也是一个长期的历史过程。……着力促进全体人民共同富裕，坚决防止两极分化。"① 党关于共同富裕的理论不断创新，在扎实推进共同富裕的实践上更加有力。

　　坚持以人民为中心，使市场在资源配置中发挥决定性作用，通过利益激励、供求变化、价格波动、自由竞争等市场机制，把有限的资源优化配置到社会生产的各个领域，从而提高效率、增进财富。同时，更好发挥政府促进公平的职能，缩小收入差距，使人民群众共享改革发展的成果。政府和市场二者相互协调、互促互进，才能在消除绝对贫困的基础上，进一步克服中下层普遍贫困化的市场经济基本法则，实现共同富裕。

一　政府主导下的多元协同大扶贫格局解决绝对贫困

（一）有关经济增长和减贫之间关系的理论

　　有关经济增长、收入不平等和减贫之间的关系，西方经济学存在着两种截然不同的理论。一是涓滴效应理论，该理论认为，经济增长与减贫存在正相关关系。随着经济发展水平的提高，落后地区或贫困群体能够自然享受到经济发展所带来的成果，从而摆脱贫穷落后的状况。与这一理论相反的负向涓滴效应理论则认为，经济增长并不必然带来贫困的减少。一些经济学家从理论和实证两个方面驳斥了涓滴效应理论，他们在经济增长和减贫的关系中，引入社会不平等因素，认

---

① 《习近平重要讲话单行本（2022 年合订本）》，人民出版社 2023 年版，第 94 页。

为经济增长与减贫并非简单的线性关系。①

对于发展中国家而言，要减少贫困，经济增长是前提条件。经济增长虽然对减少贫困具有极其重要的作用，随着经济增长，绝对贫困人口的数量会相应减少，但如果缺乏必要条件，则有可能导致收入不平等扩大，从而加剧贫困。资本相对于劳动在博弈中的优势地位，加之要素禀赋和数量分布的不均衡性以及人们在劳动能力和智商等先天条件上的差异，在市场机制的优胜劣汰作用下，本身就容易导致一定的收入差距。因此，国家要在促进经济增长的同时，使收入分配制度能够保障公平分配经济增长的好处，穷人能够获得更多资源，分享经济增长的好处。如果收入分配制度有失公平，财富就有可能向少数人集中，穷人则可能从经济增长中获益较少，收入不平等现象就会加剧，从而抑制经济增长对减贫的影响。在很多国家，由于收入差距不断扩大，经济增长对减贫的作用不仅受到抑制，甚至发生了逆转。

（二）中国经济增长与减贫的实证研究

新中国成立后，由于实行以集中资源发展工业尤其是重工业为典型特征的赶超型发展战略，农业产出被大量抽取用于工业建设，农民收入长期得不到提高。世界银行1981年至2003年的数据表明，农村贫困人口占中国所有贫困人口的比重一直保持在95%以上。因此，中国政府的扶贫开发工作已特指农村扶贫开发。

改革开放以来，我国的社会主义市场经济体制逐渐发展完善，经济发展水平不断提升，减贫事业也取得了举世瞩目的成就。我国市场经济与贫困治理的关系也引起了国内学者的广泛关注，他们一方面运用西方经济学的理论观点论证二者的关系；另一方面也从中国实践出发进行实证研究，具体分析二者的关系。

一些研究认为，中国经济快速增长，大幅度减少了农村贫困人口。胡鞍钢认为，大幅度减少绝对贫困人口，是中国经济改革取得巨

---

① 陆汉文、梁爱有、彭堂超：《政府市场社会大扶贫格局》，湖南人民出版社2018年版，第44页。

大成功的最突出成就。① 文秋良的实证研究表明，1993 年至 2004 年，中国农村贫困人口从 8000 万下降到 2610 万，降幅明显，年均达到 9.7%，高于这期间人均 GDP 的增长速度。②

一些实证研究则注意到了不平等状况对经济增长减贫效应的影响，质疑经济增长与减贫之间的必然关系。陈立中和张建华的实证分析发现，1998—2000 年，我国经济实现了增长，农村贫困率不降反升；2001 年、2003 年这两个年份的经济增长则降低了农村贫困率。因此，在经济发展的不同阶段，由于受到收入水平和收入不平等的初始值影响，经济增长并不必然带来贫困的减少。③ 虽然从总体而言，1985 年至 2001 年间，经济增长使得贫困大幅度减少，但是随着不平等状况的加剧，经济增长减少贫困的效应也相应减弱。具体而言，1995 年至 2001 年间的贫困指数比 1985 年至 1990 年减少了将近 8 个百分点。随着中国经济的发展，增长减少贫困的效果持续下降，而且幅度较大。④

还有一些研究发现，除了经济增长对减贫的贡献之外，改革开放以来经济体制改革的一些具体政策也推动了农村的减贫事业。农村减贫，最初主要靠经济体制改革推动，系列改革减少了贫困人口。实施家庭联产承包责任制，极大地解放了生产力，农民生产积极性提高，促进了农村经济发展，为中国农业发展和农村反贫困事业作出了巨大贡献。农村劳动力转移同样减少了农村贫困人口，"积极稳妥地扩大贫困地区劳务输出"被认为是扶贫的主要途径之一。从 20 世纪 90 年代中期开始，随着城镇化速度加快，很多贫困地区的劳动力到大城市务工，增加了收入，而增加的收入被用于购买生产资料，提高劳动生产率，从而实现了脱贫。

① 胡鞍钢：《中国减贫之路：从贫困大国到小康社会（1949—2010）》，载潘维《中国模式：解读人民共和国的 60 年》，中央编译出版社 2009 年版，第 247 页。
② 文秋良：《经济增长与缓解贫困：趋势、差异与作用》，《农业技术研究》2006 年第 3 期。
③ 陈立中、张建华：《经济增长、收入分配与减贫进程间的动态联系——来自中国农村的经验分析》，《中国人口科学》2007 年第 1 期。
④ 林伯强：《中国的经济增长、贫困减少与政策选择》，《经济研究》2003 年第 12 期。

综合对中国经济增长与减贫效应之间关系的研究可以看出，经济增长虽然为我国农村贫困人口的减少创造了条件，但并不必然导致贫困减少。经济体制改革的一系列措施、市场经济所带来的不平等状况都会影响到经济增长的减贫效应。随着绝对贫困人口的大幅度减少，经济增长对缓解贫困的作用也随之降低。很多实证研究都显示，从20世纪90年代后半期开始，由于收入不均等状况恶化，增长减少贫困的效果持续下降而且幅度较大。[1] 我国绝对贫困人口的下降速度趋缓，比如2003年末全国农村贫困人口比2002年末反而增加了80万，达到2900万。[2]

因此，经济增长虽然能够减轻绝对贫困，但是随着经济增长而来的收入差距扩大，使得贫困群体的相对贫困更加严重。完全由市场自发调节的经济增长并不必然带来贫困减少，政府应当有所作为，合理引导市场参与贫困治理，消除不平等状况对减贫带来的不利影响。

（三）我国政府持续推进减贫事业

在自由主义经济学家看来，市场机制自身就能够促进经济繁荣，在此过程中，贫困地区和人口可以利用自身的资源优势，在市场体系中获得收益，从而实现减贫。但无论从历史的视角，还是从横向的比较来看，政府在贫困治理中都扮演着积极的角色。自由主义经济学家及其实践并没有改善低收入人群的生存境遇，发展经济学家倡导的"涓滴效应"在现实中对于贫困人口的带动能力相当有限。从世界各国的实践来看，市场经济的发展成果很难自动惠及社会底层群众。美国里根政府时期，经济政策制定者鼓吹"涓滴效应"，即帮助穷人最好的办法不是政府救济，而是通过经济增长使总财富增加，最终使穷人受益。根据这一理论，美国国会不断降低富裕阶层的税收，而维持其他阶层的税率。实践表明，美国经济并没有实现持续发展，经济增

---

① 林伯强：《中国的经济增长、贫困减少与政策选择》，《经济研究》2003年第12期。
② 国家统计局农村社会经济调查总队：《中国农村贫困监测报告（2004）》，中国统计出版社2004年版，第4页。

长速度也受到影响，社会不平等进一步加剧。

我们党和政府始终致力于改善贫困人口经济状况和权力状况，为之作出了不懈努力，这在全世界范围内都是绝无仅有的。我国曾经是世界上贫困人口最多的国家。新中国成立后，建立了社会主义制度，为消除贫困奠定了制度基础。改革开放以来，特别是从 20 世纪 80 年代中期开始，我国开始实施有组织、有计划、大规模的扶贫开发，取得了举世瞩目的成就，7 亿多贫困人口脱贫，对全球减贫贡献率超过70%。十八大以来，党中央把贫困人口脱贫作为全面建成小康社会、实现第一个百年奋斗目标的底线任务和标志性指标，中国扶贫开发进入新时代脱贫攻坚阶段。

脱贫攻坚是以人民为中心的发展思想的生动体现和实践，也是最能体现党的执政理念、初心和使命的生动实践。从 2013 年到 2017 年，脱贫攻坚取得决定性进展，贫困人口减少 6800 多万，易地扶贫搬迁 830 万人，贫困发生率由 10.2% 下降到 3.1%。居民收入年均增长 7.4%，超过经济增速，形成世界上人口最多的中等收入群体。①2018 年农村贫困人口继续减少 1386 万，易地扶贫搬迁 280 万人。

1. 持续探索贫困治理理论，推进贫困治理实践

我们党和政府在不同时期采取了相应的扶贫战略，这些战略都体现了中国共产党的立场和宗旨，以及社会主义的本质要求。

在分析中国社会贫困问题出现的根本原因的基础上，毛泽东提出了在社会主义条件下解决贫困问题的总体思路以及共同富裕的内涵。社会主义改造使绝大多数农民通过农业合作化道路，有效缓解了极度贫困状况的发生。

以邓小平同志为核心的党的第二代领导集体，充分认识和把握社会主义初级阶段的基本国情，规划了走向共同富裕的道路，主张通过改革开放和市场开发来解决贫困问题。在邓小平的视野中，发展对于

---

① 《2018 年国务院政府工作报告》（http：//www.gov.cn/premier/2018 - 03/22/content_5276608.htm）。

发挥社会主义优越性至关重要，在他看来，要实现共同富裕和人的全面发展，必须通过解放和发展生产力奠定物质基础。在"先富论"的基础上，他进一步提出了"两个大局"的思想，激发了人民的积极性和创造性。

江泽民认为："加强贫困地区的发展，不仅是一个重大的经济问题，而且是一个重大的政治问题。"① 他坚持开发式扶贫方针，主张政府扶贫开发与群众自力更生相结合，一方面组织动员各级党政机关和各方面社会力量参与贫困地区开发建设，另一方面动员群众积极依靠自己力量增强自我发展能力。在扶贫瞄准对象上，开始由贫困地区转向贫困人口。党中央提出了一系列制度和政策加大扶贫力度。1994年制定实施了《国家八七扶贫攻坚计划（1994—2000年）》，基本方针是开发式扶贫，这期间，1561亿元资金用于浩大的造血扶贫世纪工程。到20世纪末，累计2亿多贫困人口实现了吃饱穿暖的愿望，反映了我国扶贫事业的巨大成就，充分体现了中国特色社会主义制度的优越性。

进入21世纪，中国扶贫开发战略的重点逐渐变化，从解决温饱问题转向努力促发展。在科学发展观指导下，扶贫战略将提高贫困人口的自我发展能力作为重点。随着《中国农村扶贫开发纲要2001—2010年》于2001年颁布实施，解决贫困人口温饱的制度保障不断完善，贫困地区经济社会面貌发生显著变化。到2010年，农村居民生存和温饱问题已经基本解决，我国于2011年制定了新十年扶贫开发纲要，提出了更加明确的工作目标，即2020年实现扶贫对象"两不愁三保障"，这一目标既包括了生存的需要，又包括了部分发展的需要。此外，还提出了对于贫困地区农民人均纯收入增长幅度、基本公共服务指标两方面的具体要求，前者要高于全国水平，后者应接近全国水平。

党的十八大以来，以习近平同志为核心的党中央坚持以人民为中心，以前所未有的力度全面部署和推进脱贫攻坚，形成了内涵丰富、

---

① 《十五大以来重要文献选编》（中），人民出版社2001年版，第846页。

全面系统、具有深刻创新性的扶贫开发战略思想，精准扶贫是其核心内容。在实践上形成了高效的执行体系，坚持多元化扶贫，分类施策，激发内生动力，通过扶志、扶智、发展产业等多重支持措施，实现彻底脱贫。党的十八届五中全会对全面建成小康社会进行了总体部署，提出要在我国现行标准下农村贫困人口实现脱贫，贫困县全部摘帽，解决区域性整体贫困。

2. 政府主导

对于中国政府而言，由于坚持以人民为中心，减贫是自觉的、持续性的国家行为。减贫是国家重要的发展战略，形成了正式的制度安排，制定了减贫的目标、方针和政策，凝聚全国各地的扶贫力量，动员全社会共同参与，帮助贫困地区发展。国家在减贫事业中起主导作用，是能够在较短时间内迅速减少贫困的重要原因。[1]

政府高度重视扶贫工作，而且有着清晰的目标。建立了以国务院扶贫开发小组为主的反贫困组织体系，在不同阶段制定了相应的反贫困发展目标，形成了多样化的反贫困机制，有计划、有组织地进行大规模扶贫开发。政府主导的扶贫事业具有连贯性，投入贫困地区的资金也具有很大的稳定性，体现了政府所具备的强大资源动员能力。1986—1993 年的扶贫资金累计达 467.2 亿元，1994—2000 年、2001—2010 年、2011—2015 年的中央专项扶贫资金分别达到 1242 亿元、2043.8 亿元、1879.8 亿元。[2] 除了财政资金外，中国政府还号召社会力量加大对中国农村减贫事业的投入。在"八七扶贫攻坚计划"期间，外资投入中国农村减贫事业的资金总额为 192.8 亿元，社会捐赠达 167 亿元，社会动员的物质总量为 166.6 亿元。[3]

由于秉持着以人民为中心的发展思想，让更广泛的人民群众享受

---

① 胡鞍钢：《中国减贫之路：从贫困大国到小康社会（1949—2010）》，载潘维《中国模式：解读人民共和国的 60 年》，中央编译出版社 2009 年版，第 261 页。

② 周敏慧、陶然：《市场还是政府：评估中国农村减贫政策》，《国际经济评论》2016 年第 6 期。

③ 何道峰：《中国 NGO 扶贫的历史使命》，《中国扶贫基金会会刊》2001 年第 9 期。

改革开放成果，政府提出的发展战略和扶贫政策能够得到民众广泛支持，并得以贯彻落实，有效避免了社会资源再分配过程中可能遇到的"再分配悖论"。再分配悖论是指这样一种现象：在政府部门定向分配财政资源，或者把财政资源向某一群体倾向分配时，尤其是政府部门将更多财政资金投向贫困地区时，那些未得到"公平对待"的富裕地区会采取"集体行动"，以反对当前税收政策、抵制政府部门过多的干预等方式，减少政府从其所获取的各项费用，进而减少或反对政府对贫困地区的资金转移。我国在中国共产党的领导下，实行人民民主专政制度、坚持民主集中制的根本组织原则，这有利于在中央的统一部署下，各个地方政府积极发挥能动作用，上下一致地共同推进我国反贫困事业发展。改革开放以来，邓小平提出的"两个大局"战略构想得到了较好的贯彻，从改革开放以来的实际情况来看，中西部地区和东部沿海地区在不同时期均很好地服从了国家发展的大局。从 1996 年开始，中国政府就开始号召并组织东部发达地区的省份与中西部落后地区的省（自治区、直辖市）开展对口帮扶协作。2000年国务院成立西部地区开发领导小组，实施西部大开发战略，将东部沿海地区剩余经济的发展能力，用以提高西部地区的经济和社会发展水平，推动区域均衡发展。党的十八大以来，党中央和国务院将扶贫开发工作提升到治国理政新高度，将更多的发展资源向贫困地区倾斜，促进贫困地区加快发展。

3. 政府主导下的多元协同大扶贫格局

中国的减贫事业是在政府主导下进行的，是市场活力与政府良治的结合。[①] 政府统筹协调各方资源，有效调动全社会的力量参与扶贫，体现了集中力量办大事的显著优势。全国 17. 68 万个党政机关、企事业单位致力于扶贫，覆盖全部 12. 8 万个贫困村；7. 64 万家民营企业结对帮扶，受益的贫困人口达 1000 多万。政府主导是中国减贫事业

---

① 胡鞍钢：《中国减贫之路：从贫困大国到小康社会（1949—2010）》，载潘维《中国模式：解读人民共和国的 60 年》，中央编译出版社 2009 年版，第 275 页。

取得举世瞩目成就的关键，同时市场和社会力量也起到了相应的作用。政府主导是政府、市场和社会能够协同发挥作用的原因，政府在发挥主导作用的前提下，积极引导市场和社会参与扶贫开发事业，充分利用市场和社会的优势条件，形成减贫"合力"。

资源是社会治理行动的核心要素，充分有效地利用社会资源是保证社会治理行为得以成功的基础。在社会资源总量既定的情况下，要优化社会治理效果，就要尽可能地将治理资源的效用最大化。市场机制能够极大地扩展社会治理资源，而且破解片面依靠行政手段、政府资源推动减贫与发展的低效率难题，提高治理体制的效率。同时，市场机制自身也因其内在的自发性、盲目性和滞后性等内在缺陷，如果没有外在的约束，也会对地区发展带来不良影响。因此，政府应当加以指引和约束，使市场机制能够在扶贫领域将扶贫资源的效用最大化发挥出来，同时制约和避免市场力量对扶贫工作所可能产生的负面影响。

当社会中存在大规模的贫困人口时，主要依靠经济增长来带动脱贫，政府和市场应当成为全局性扶贫工作的主体；而当社会的贫困人口规模较小且分散时，就需要社会组织在扶贫领域承担相应的责任。政府也意识到了社会扶贫力量对于加快中国减贫进程的重要性，在1994 年、2001 年和 2011 年颁布实施的重大扶贫文件中，均从不同角度引导和鼓励社会力量参与到扶贫开发中。在实践中，也形成了包括定点扶贫、对口扶贫、社会组织扶贫、企业扶贫、国际发展援助等在内的多种形式，成为推进中国贫困治理事业的重要动力。

二　政府和市场相互协调，实现共同富裕

2021 年 2 月 25 日，习近平总书记在北京举行的全国脱贫攻坚总结表彰大会上宣布，中国脱贫攻坚战取得了全面胜利，完成了消除绝对贫困的艰巨任务。对于党和政府而言，消除绝对贫困只是一个阶段性目标，而是要在消除绝对贫困的基础上，解决收入差距扩大的问题，最终实现共同富裕。

（一）自由放任的市场经济不可能实现共同富裕

1. 自由放任的市场经济与导致相对贫困化不断扩大

市场经济的发展并不能自动缓解和消除贫困。经济增长为减少贫困创造了前提条件，但是并不必然减少贫困。如果一个国家的收入分配制度存在严重缺陷，明显有失公平，那么在市场机制的作用下，新增财富可能会向富人阶层集中，最终的结果可能是使得社会收入分配差距越来越大，贫困问题愈演愈烈。事实上，由于"马太效应"的存在，在市场经济条件下，经济增长只能导致富者更富、贫者更贫。

黄树东通过对美国劳动收入与 GDP 增长关系、社会不同阶层的收入差距、劳动者收入与劳动生产率关系等三个方面进行历史数据的分析，表明：中下层相对贫困化的不断扩大是一个历史趋势，且不因地缘、国家、经济发展程度的不同而改变；伴随着经济的繁荣，结果是中下层的普遍贫困化和顶级阶层的财富爆炸性增长；中下层相对贫困化是市场经济包括当代市场经济的一个基本法则，是一个制度性的趋势和不断自我强化的过程。[1]

一项来自 IMF 的研究发现[2]，发达经济体劳动力收入比重自 20 世纪 80 年代开始下降，该比重在 2008 年至 2009 年国际金融危机前夕已降至 50 年以来的最低水平，此后也没有显著回升。与 1970 年相比，劳动力的收入比重已经下降了近 4 个百分点。尽管数据有限，但自 20 世纪 90 年代初以来，新兴市场和发展中经济体的劳动力收入比重也有所下降，其中规模较大的经济体尤其如此。例如，在过去二十年中，尽管中国创造了世界范围内的减贫奇迹，但劳动力收入比重却下降了近 3 个百分点。

自发的市场经济必然导致中下层的相对贫困化，因此，在发展经济的同时，政府要制定能够使收入分配趋向公平的政策措施，开展相关的制度安排，通过社会政策的调节，避免贫富差距不断扩大。

---

① 黄树东：《制度与繁荣》，中国人民大学出版社 2018 年版，第 77—86 页。

② https：//www. imf. org/external/chinese/np/blog/2017/041017c. pdf.

2. 自由放任的市场经济导致低增长

自由放任的市场经济导致相对贫困不断扩大，进而导致社会总消费不断下降，引发生产过剩。相对贫困的中下阶层收入在 GDP 中所占份额日益缩小，虽然具有较高的边际消费倾向，但由于无力购买而无法实现自己的消费愿望，导致消费减少。而人数较少的高收入阶层虽然收入和财富增加，但消费倾向小于中下阶层，其增加的消费不足以弥补中下阶层减少的消费，因此导致总消费不足。总消费不足又会造成市场疲软，使得经济增长速度放缓。美国经济的长期发展充分证明了这一点。美国的市场经济以市场为主导，经过 200 多年的发展，已经非常成熟，目前仍是世界第一发达经济体。在从 1800—2015 年的 215 年中，美国的 GDP 平均增长速度的算术平均数是 3.70%，几何平均数是 3.61%。即使在经济规模较小的早期，也只有 4.05% 左右。从 1995 年到 2015 年间的年化增长只有 2.41%，即便消除了经济危机的影响进行调整，也只有 2.87%。[①] 从数据可以看出，美国在 200 多年发展过程中基本处于较低增长的状态，而这些成就的取得并不是依靠市场的力量，而是基于一些得天独厚的条件，比如早期通过西进运动和领土扩张变成一个横跨大陆的国家、吸引来自欧洲和全世界的高素质移民；成为超级大国之后，则依靠其本身所具有的美元和金融霸权。

有关中长期经济增长过程中再分配、不平等和经济增长的研究也认为，不平等仍然是影响中长期增长的决定性因素，甚至控制了再分配转移的规模。只重视增长，而置不平等于不顾是错误的选择。不仅仅因为不平等状况的持续在道德上难以被人们所接受，而且忽视不平等的增长是低效和不可持续的。适度的再分配和不平等状况减少，可以带来更高、更可持续的增长。[②]

---

① 黄树东：《制度与繁荣》，中国人民大学出版社 2018 年版，第 121—126 页。

② Jonathan. D. Ostry et al., "Redistribution, Inequality, and Growth", IMF Staff Discussion Note, No. 14/02, 2014, IMF.

（二）社会主义市场经济条件下政府和市场作用相协调，实现共同富裕

资本逻辑主导的市场经济不关心现实中劳动者的处境，而社会主义市场经济应当是以人民为中心的发展思想所主导的市场经济，在追求经济发展的同时，更加关注最广大人民群众的利益。坚持以人民为中心，就能够实现政府和市场作用的协调，破解市场经济的相对贫困化和低增长的难题。

1. 发挥市场在资源配置中的决定性作用

要实现共同富裕，必须解放和发展生产力，创造物质基础前提，即"做大蛋糕"，保持经济发展的一定速度。马克思认为生产力的发展是绝对必须的实际前提，"如果没有这种发展，那就只会有贫穷、极端贫困的普遍化"①。

市场决定资源配置是市场经济的一般规律，要解放和发展生产力，实现高质量发展，必须坚持这一规律。改革开放以来，我们始终坚持社会主义市场经济改革的方向，市场化改革在深度和广度上不断推进。政府减少对资源的直接配置和对微观经济活动的直接干预，把能够由市场机制有效调节的经济活动都交给市场。市场在资源配置中的决定性作用得以有效发挥，推动资源配置实现效益最大化和效率最优化。

在经济新常态下，我国经济面临一定的下行压力和困难，需要加快完善社会主义市场经济体制，清除束缚市场主体活力、阻碍市场和价值规律充分发挥作用的弊端，充分发挥市场在资源配置中的决定性作用，确保我国在未来发展中继续保持中高速增长。

2. 更好发挥政府促进公平的职能

自由放任市场经济所导致的相对贫困不断扩大化和低增长告诉我们，要实现共同富裕，仅仅使市场在资源配置中发挥决定性作用是远远不够的，市场经济本身不能解决公平问题，公平主要靠政府来解

_____

① 《马克思恩格斯选集》第 1 卷，人民出版社 2012 年版，第 166 页。

决，需要更好发挥政府促进公平的职能。

改革开放后，随着市场化改革的不断推进，中国经济创造了快速增长的世界纪录。与此同时，社会不平等状况也随之一度恶化，从计划经济时代一个相当平等的社会变成一个非常不平等的社会。1979年中国的基尼系数只有 0.317，20 年的时间就超过了 0.4 的警戒线。从城乡居民收入比来看，2015 年城市和农村居民的人均收入比值为 2.73∶1，比 1998 年的 2.51∶1 有所扩大。[①]

从 2003—2016 年全国居民人均可支配收入基尼系数的变化[②]可以看出，中国居民收入基尼系数近年来趋于下降，但从国际比较看，仍然处于较高水平，表明当前中国居民收入分配不均等程度还比较高，加快收入分配改革、缩小收入差距具有紧迫性。收入差距扩大，导致居民的最终消费率相应较低。1990 年为 47.8%，2010 年略微下降为 47.4%，2010 年大幅下降到 35.9%，2014 年才略微回升至 37.4%。

收入分配差距长期居高不下，会从供给侧结构上严重影响国民经济投资及资本形成结构，并严重影响需求结构，甚至成为内需不足的重要动因。[③] 收入差距扩大，高收入家庭所需商品早已齐备，无需增加购买，因而消费倾向较低。对于普通民众而言，收入是消费之源，收入水平的高低在很大程度上制约了消费倾向和消费动力，虽然具有较高的消费倾向，但由于无力购买而无法实现自己的消费愿望，因此导致我国居民最终消费处于较低水平，消费需求不旺又会造成市场疲软，使经济增长速度放慢。我国消费与 GDP 总量相比规模较小，消费率长期维持在较低水平，而且增长较为缓

---

①　国家统计局住户调查办公室：《中国农村贫困监测报告（2016）》，中国统计出版社 2016 年版，第 18 页。

②　2003—2016 年全国居民人均可支配收入基尼系数依次为：0.479、0.473、0.485、0.487、0.484、0.491、0.490、0.481、0.477、0.474、0.473、0.469、0.462、0.465，国家统计局住户调查办公室：《中国农村贫困监测报告（2016）》，中国统计出版社 2016 年版，第 18 页。

③　刘伟、蔡志洲：《完善国民收入分配结构与深化供给侧结构性改革》，《经济研究》2017 年第 8 期。

慢。居民消费率不但低于中等收入国家的平均水平，而且也低于世界平均水平。① 消费不足，严重制约我国的经济增长。

随着实践的发展，党和政府的公平效率观也在不断更新。特别是进入 21 世纪以后，收入分配差距扩大已经引起了整个社会的高度关注，如果不突出强调社会公平以及采取有效措施解决收入分配差距过大的问题，就会有碍社会主义优越性的充分发挥，影响全面建设小康社会的进程。实现共同富裕的重点与难点是要让经济发展的成果更多惠及低收入人群，即能够实现益贫式增长，具体要求有三个方面：第一，要求机会平等的增长；第二，强调对贫困群体的关注，经济增长应有利于大多数人并且具有持续性；第三，使穷人充分就业，并使劳动收入增长率高于资本报酬增长速度。② 以上三个方面都需要更好发挥政府促进公平的职能。

中国政府把消除贫困同经济发展结合起来，在持续不断地致力于消除绝对贫困的同时，不断强化政府促进公平职责，限制和缩小相对贫困。其一，调整完善初次分配制度，逐步提高劳动者报酬在国民收入中的比重。其二，在再分配领域，调节机制不断健全，通过税收、社会保障、转移支付等主要手段，使城乡、区域、不同群体间分配关系逐步得到合理调节。加大财政对贫困地区、困难群体、困难家庭的转移支付力度，较大幅度提高他们的收入水平。其三，加快补齐农村公共服务的短板。在教育、医疗卫生、社会保障、养老、文化体育等方面，全面提升公共服务水平，加快推进城乡基本公共服务均等化。在这方面，需要正确处理政府与市场关系，既鼓励各种社会组织、市场主体以及社会公众参与提供基本公共服务，完善欠发达地区和农村基本公共服务方式，又需要政府在基本公共服务要素配置上弥补市场失灵，引导人才、资本、技术等要素由发达地区流向欠发达地区、由

---

① 中国（海南）改革发展研究院主编：《收入分配改革的破题之路》，中国经济出版社 2012 年版，第 274—275 页。

② 范从来：《益贫式增长与中国共同富裕道路的探索》，《经济研究》2017 年第 12 期。

城市流向农村。

党的十八大以来，在注重提高居民收入的同时，将公平放在更加突出的位置，着力让人民共享改革发展成果。习近平总书记高度重视收入分配差距问题，反复强调既要不断做大"蛋糕"，同时还要分好"蛋糕"。收入分配制度改革不断推进，一系列缩小收入差距的政策得以贯彻实施，人民群众收入水平得到大幅提升，收入分配关系得到明显改善。2013—2017 年，我国居民收入年均增长7.4%，超过经济增速，形成世界上人口最多的中等收入群体。[①]中央提出到 2020 年实现城乡居民人均收入比 2010 年翻一番、保持居民收入增长和经济增长同步、人民生活水平和质量普遍提高等目标要求，推动了全国居民特别是农村居民收入快速增长。2017 年，农村居民收入增速连续 8 年快于城镇居民，城乡居民收入差距进一步缩小。[②] 2017 年，全国居民人均可支配收入 25974 元，比上年名义增长 9%，扣除价格因素影响，实际增长 7.3%。全国居民人均可支配收入名义增速和实际增速分别比上年增长 0.6 和 1 个百分点，扭转了居民收入增速近年来的回落态势。[③] 我国居民收入在国民收入分配中的比例自 1998 年以来持续下降，已经积累了比较大的降幅。这一下降趋势在 2009 年才得以逆转，但回升速度仍比较缓慢。目前我国居民收入占比与加拿大、德国等比较接近，但明显低于美国和英国，仍有提升空间。[④]

随着收入分配关系的改善，最终消费对经济增长的贡献率也有所提高。2017 年，最终消费对经济增长的贡献率为 58.8%，拉动经济增长 4.1 个百分点。2013—2017 年，三大需求对经济增长的贡献率，

---

① 《2018 年政府工作报告》（http：//www. gov. cn/guowuyuan/2018zfgzbg. htm）。

② 国务院发展研究中心主办：《2018 年中国经济年鉴》，中国经济年鉴社 2019 年版，第 11 页。

③ 国务院发展研究中心主办：《2018 年中国经济年鉴》，中国经济年鉴社 2019 年版，第 13 页。

④ 《我国劳动者报酬连续 15 年占居民可支配收入比重超八成》（https：//baijiahao. baidu. com/s？id = 1596020089490576456&wfr = spider&for = pc）。

最终消费支出的年平均贡献率为 56.2%，资本形成总额的年平均贡献率为 43.8%，货物和服务净出口的年平均贡献率几乎为 0。其中2017 年最终消费支出贡献率比 2012 年提高 3.9 个百分点。需求结构中最终消费比重的提升表明了经济结构优化在朝着有利于居民生活改善的方向发展。① 社会主义市场经济的实践证明，只有坚持以人民为中心的发展思想，把增进民生福祉作为发展的根本目的，民生的改善才能够为发展提供源源不断的动力，从而实现民生与社会发展相协调、相适应，形成良性循环、互促互进的关系。正如习近平总书记在吉林调研时所强调指出的："要全面把握发展和民生相互牵动、互为条件的关系，通过持续发展强化保障和改善民生的物质基础，通过不断保障和改善民生创造更多有效需求。"②

从世界范围内来看，有些国家虽然保持了经济的高速发展，但仍未能取得普遍的社会进步，出现"没有发展的增长"怪象。"包容性发展"对于世界上绝大多数国家而言，只是不可能付诸实践的理念。能不能实现"包容性发展"，取决于发展的目的。市场原教旨主义者认为自由放任的市场经济必然带来较高的经济增长，可以解决包括贫困在内的所有问题，实际上却导致严重的贫富悬殊和收入不公以及长期的低增长。

以人民为中心则回答了社会主义市场经济发展目的的问题。坚持以人民为中心的执政党和政府，是大多数人民利益和经济持续发展的保证。只有这样的党和政府才既承认市场在资源配置中的决定性作用，又有意愿和能力克服中下层普遍贫困化的市场经济基本法则，实现共同富裕。我们党和政府提出的全面建成小康社会就是包容性发展的生动诠释，要求实现平衡协调可持续的发展。党的十九大报告提出"坚持在经济增长的同时实现居民收入同步增长、在劳动生产率提高

---

① 国务院发展研究中心主办：《2018 年中国经济年鉴》，中国经济年鉴社 2019 年版，第 12 页。

② 《习近平论扶贫工作——十八大以来重要论述摘编》，《党建》2015 年第 12 期。

的同时实现劳动报酬同步提高",特别是"在劳动生产率提高的同时实现劳动报酬同步提高"的提法,对于其他国家而言是不可想象的。中国特色社会主义的伟大实践,向世界提供了"如何摆脱绝对贫困"的中国智慧和中国方案,相信伴随着实践探索的不断深入,一定可以运用解决绝对贫困方面积累的基本历史经验,促进政府和市场相互补充、相互促进,最终实现共同富裕。

第五章　社会主义基本经济制度条件下的政府与市场关系

马克思以唯物史观为指导，科学地揭示了经济范畴和经济规律的特定的历史性和社会性。[①] 政府和市场都是历史范畴，撇开一定的历史条件和社会环境，就无法对它们的关系和作用作出正确的解释。从中国实际出发，正确认识和处理政府与市场关系，应当把握三个主要的维度：市场经济的一般规律、国情和发展阶段、我国的基本制度。基本经济制度是一个社会经济制度的核心与基础，也是决定政府和市场关系的主要因素。[②]

新中国成立以后，经过社会主义改造，中国共产党带领全国人民建立了以公有制为基础的社会主义经济制度，为生产力的发展开辟了广阔的道路。改革开放之后，在建设中国特色社会主义经济的实践中，在深刻总结国内外两方面基本经验的基础上，我国逐步确立了以公有制为主体、多种所有制经济共同发展的基本经济制度。这一制度既坚持生产资料公有制这一科学社会主义的基本原则，又为非公有制经济等多种所有制的发展提供了广阔的空间，奠定了中国特色社会主义经济制度和社会主义市场经济的制度基础。社会主义基本经济制度在改革开放的实践中不断完善和发展，党的十九届四中全会首次将分

[①] 顾海良、张雷声：《从马克思到社会主义市场经济》，北京出版社 2001 年版，第 25 页。

[②] 张宇：《中国特色社会主义政治经济学》，中国人民大学出版社 2016 年版，第 170—171 页。

配制度、社会主义市场经济体制纳入基本经济制度,标志着我国社会主义基本经济制度更加成熟、更加定型。

社会主义基本经济制度内涵的拓展和深化,是我们党适应生产力发展需要、主动调整生产关系的结果。社会主义基本经济制度在实践中不断发展和完善,也推动着社会主义制度和市场经济有机结合,不仅使得生产力获得前所未有的解放和发展,人民生活持续改善,而且使社会公平正义得以切实维护,为实现共同富裕打下坚实基础。我国在 1979—2018 年间的国内生产总值年均增长率为9.4%,而世界同期的增速只有2.9%,差异体现了基本经济制度的巨大优越性。可以说,社会主义基本经济制度既赋予了我国政府和市场关系新的特点和要求,其自身的不断发展和完善也为处理政府与市场关系提供了制度优势。

第一节　社会主义基本经济制度适应市场经济的要求不断完善

社会主义市场经济体制能够得以建立并不断发展完善,关键在于实现了社会主义基本经济制度与市场机制发挥决定性作用的资源配置方式的有机统一。① 二者的有机统一涉及两个层面:一是作为主体的公有制能否与市场经济兼容;二是在资源配置和调控机制上如何协调政府与市场的关系。中国的改革也从制度层面和调控机制两个层面展开。在制度层面上,深化所有制结构和公有制实现形式的改革,使之既坚持以公有制为主体,又能够与竞争性的市场配置资源机制相互兼容;在调控机制层面上,推进市场化进程和完善市场秩序,厘清政府与市场关系,努力实现"有效市场"和"有为政府"。

---

① 刘伟:《坚持社会主义市场经济的改革方向——中国特色社会主义经济转轨的体制目标》,《中国高校社会科学》2019 年第 2 期。

一　社会主义基本经济制度的确立和发展

社会主义基本经济制度形成、发展的过程，就是公有制和非公有制经济关系不断调整的过程，是由生产关系一定要适应生产力发展的基本规律决定的。[①]

为了解放发展生产力和提高人民生活水平，就需要对我国"一大二公"的所有制结构进行调整，调动一切积极因素和各种生产资源。随着中国特色社会主义市场取向的改革起步，个体经济、私营经济逐步得到了恢复和发展。当时的情况下，为了最大程度地利用社会生产资源，实现发展生产、增加市场供应和就业、丰富人民生活，有必要在坚持以公有制为主体的前提下恢复和发展个体经济和私营经济。非公有制经济的发展，对社会主义市场经济的形成，也起到了积极作用。经济改革和经济发展迫切要求进一步解放思想，从根本上清除长期以来存在的根本否定私营经济在我国社会主义初级阶段地位和作用的"左"的思想，赋予私营经济以应有的合法地位。适应这一客观要求，党的十三大报告首次明确提出：在社会主义条件下，私营经济一定程度的发展，是公有制经济必要的和有益的补充。[②] 这一论断充分肯定了私营经济在社会主义初级阶段发展的必要性，同时也体现了我们党在市场化改革发展的基础上，实现了对非公有制经济的新的认识。

党的十四大报告确立了社会主义市场经济体制的改革目标，并且对社会主义初级阶段的所有制结构作了概括。[③] 随后，我国社会主义市场经济得到了快速发展。在1997年召开的党的十五大会议上，我国社会主义初级阶段的基本经济制度得以确立，即"公有制为主体、

---

① 葛扬：《在所有制结构调整中准确理解基本经济制度》，《现代经济探讨》2019年第12期。

② 《中国共产党第十三次全国代表大会文件汇编》，人民出版社1987年版，第32页。

③ 即：以公有制包括全民所有制和集体所有制经济为主体，个体经济、私营经济、外资经济为补充，多种经济成分长期共同发展，不同经济成分还可以自愿实行多种形式的联合经营。

多种所有制经济共同发展"。从"必要的有益的补充",到被纳入社会主义初级阶段基本经济制度,非公有制经济地位得到进一步提升,发展有了制度上的保障,具备了更好的政策环境。

实现社会主义与市场经济的有机结合,是社会主义市场经济的内在要求,这要求我们必须坚持社会主义基本经济制度。由于坚持公有制为主体,市场经济的社会主义性质得到保证;同时坚持多种所有制经济共同发展,推动了商品关系和市场体系发展。随着社会主义市场经济的发展,社会主义基本经济制度也随之不断完善。

在基本经济制度确立的基础上,社会主义市场经济得到更快发展,我们党关于公有制经济和非公有制经济关系的认识也随之拓展和深化。党的十六大首次提出"两个毫不动摇"①,有利于更好地协调公有制经济和非公有制经济发展,促进生产力发展,保障经济体制改革的社会主义方向。在党的十七大报告中,"两个毫不动摇"被进一步强调,并提出"坚持平等保护物权,形成各种所有制经济平等竞争、相互促进新格局"②。国务院及其有关部门也制定并颁布实施了《关于促进和引导民间投资的若干意见》《关于鼓励支持和引导个体私营等非公有制经济发展的若干意见》《个体工商户条例》等政策法规,促进了非公经济的发展。

二　新时代社会主义基本经济制度的突破和创新

(一)"两个都是"

党的十八届三中全会提出"两个都是"③,在"两个毫不动摇"

---

① "两个毫不动摇"指必须毫不动摇地巩固和发展公有制经济;必须毫不动摇地鼓励、支持和引导非公有制经济发展。

② 《十六大以来重要文献选编》(中),人民出版社 2005 年版,第 20 页。

③ 党的十八届三中全会通过的《中共中央关于全面深化改革若干重大问题的决定》明确提出,公有制为主体、多种所有制经济共同发展的基本经济制度,是中国特色社会主义制度的重要支柱,也是社会主义市场经济体制的根基。公有制经济和非公有制经济都是社会主义市场经济的重要组成部分,公有制经济和非公有制经济都是我国经济社会发展的基础。

的基础上再次提升了非公有制经济的地位和作用。这一论断对非公有制经济的认识上升到了一个新的高度，完善了基本经济制度理论，深化了对于公有制经济和非公有制经济关系的认识。在实践中可以促使非公有制经济焕发活力和创造力，有利于形成公平竞争的格局。

习近平总书记多次强调坚持基本经济制度的重要意义，认为"公有制经济、非公有制经济应该相辅相成、相得益彰"①。他在很多场合反复强调国有企业的重要作用、要做大做优做强国有企业，指出"任何怀疑、唱衰国有企业的思想和言论都是错误的"。同时，针对"民营经济离场论""新公私合营论""加强企业党建和工会工作是要对民营企业进行控制"等否定、怀疑民营经济的言论，习近平总书记明确指出这些说法是完全错误的，不符合党的大政方针，同时特别强调："民营经济是我国经济制度的内在要素，民营企业和民营企业家是我们自己人。"②

（二）混合所有制经济是基本经济制度的重要实现形式

党的十八届三中全会提出了关于基本经济制度的重要论断，认为混合所有制经济是其重要实现形式。这一论断适应了新时代我国社会主义市场经济不断完善的客观实际，是对基本经济制度认识上的新突破。

改革开放以来，适应经济市场化不断发展的趋势，我们党持续探索公有制的有效实现形式。③ 基本经济制度所具有的混合经济的特征，在从股份制到混合所有制经济的探索过程中，不但在宏观领域得到了充分体现，而且在微观经济领域得到了真正落实。④ 在微观领域发展

---

① 习近平：《论坚持全面深化改革》，中央文献出版社 2018 年版，第 480 页。

② 习近平：《论坚持全面深化改革》，中央文献出版社 2018 年版，第 481 页。

③ 党的十四届三中全会首次提出"混合所有"；党的十五大首次提出"混合所有制经济"的概念，明确公有制实现形式可以而且应当多样化；党的十六大提出"除极少数必须由国家独资经营的企业外，积极推行股份制，发展混合所有制经济"；党的十六届三中全会提出"使股份制成为公有制的主要实现形式"；党的十七大提出"以现代产权制度为基础，发展混合所有制经济"。

④ 顾钰民：《论社会主义市场经济和基本经济制度的重要理论发展》，《福建论坛·人文社会科学版》2014 年第 11 期。

混合所有制经济，各种不同所有制经济通过资本市场，形成企业资本来源，实现资本来源的社会化，不同所有制经济的资本投入生产领域，有利于经济发展。一方面可以更好体现公有制经济的主体地位、发挥国有经济的控制力，放大国有资本功能；另一方面有利于各种所有制资本互促互进、协同发展。通过互相参股的方式，混合所有制经济得以发展，公有制经济和非公有制经济自身也可以扬长避短。公有制企业既能够发挥实力强大的优势，还可以避免体制僵化；非公有制企业既可以发挥机制灵活的优势，同时也能避免规模较小的弊端。由此，公有制、非公有制经济不再非此即彼，而是"融为一体，共同进退"，"多种所有制经济共同发展"才能够真正得以实现。在股份制的基础上，越来越多的企业建立起规范的现代企业制度，在国际上的竞争力也随之不断增强，基本经济制度也就有了更加坚实可靠的基础。

（三）将分配制度和社会主义市场经济体制上升为基本经济制度

党的十九届四中全会着眼于新的实践和发展需要，将按劳分配为主体、多种分配方式并存的分配制度和社会主义市场经济体制上升为基本经济制度，充实和丰富了社会主义基本经济制度的内涵，标志着社会主义经济制度更加成熟、更加定型。社会主义基本经济制度内涵不断丰富，彰显强大生命力和自我完善能力。

1. 将分配制度上升为基本经济制度

将分配制度上升为基本经济制度，凸显了坚持这一制度的重要性。改革开放以来，我国居民生活得到持续改善，总体收入水平大大提高，从 1978 年到 2017 年减少农村贫困人口 7.4 亿人。而与此同时，居民收入差距、财富占有差距一度越拉越大。中国居民收入基尼系数近年来趋于下降，但从国际比较看，仍然处于较高水平，表明当前中国居民收入分配不均等程度还比较高。收入差距程度过高会导致一系列消极后果：影响劳动者积极性、引起群众不满、不利于社会和谐稳定；制约内需扩大，不利于实现社会供需平衡和促进经济健康发展；有损党和政府的威信，降低马克思主义理论和社会主义主流意识形态的吸引力和凝聚力。中国特色社会主义进入新时代，为了不断满足人民美好生活的需要，坚持按劳分配为主体、多种分配方式并存，加快收入分配改革、缩小收入差距更加具有紧迫性和重要性。

将分配制度上升为基本经济制度，其长期性和稳定性有了根本保障，有利于进一步解放和发展生产力。一方面按劳分配将真正得到贯彻落实，一系列举措落地，有利于增加劳动者尤其是一线劳动者的劳动报酬，劳动报酬在初次分配中的比重得以提升，劳动者报酬占比提升将有助于缩小收入分配差距，进而促进效率的提高和经济的发展；另一方面，劳动、资本、土地、知识、技术、管理、数据等要素收益得到了制度保障，要素由市场评价贡献、按贡献决定报酬的机制不断健全，有利于激发市场活力，提高全要素生产率。

2. 将社会主义市场经济体制上升为基本经济制度

改革开放四十年来，在实践探索基础上，社会主义市场经济体制得以建立，并不断发展完善，促进经济持续发展、综合国力大幅跃升、人民生活水平不断提高。将社会主义市场经济体制上升为基本经济制度，总结和肯定了长期探索的经验，是在长期实践中形成的理论创新，是社会主义市场经济体制更加完善、成熟的标志。

将社会主义市场经济体制上升为基本经济制度的决策总结和升华了我国市场经济发展实践经验。1979 年之后，中国在改革目标的选择上经历了"计划经济为主、市场调节为辅"、有计划的商品经济、"国家调节市场、市场引导企业"几个发展阶段，1992 年以后，市场取向改革的目标被明确定义为建立社会主义市场经济体制。随着改革实践的发展，社会主义市场经济体制也在不断发展和完善。在这一过程中，社会主义市场经济体制建设虽然取得了举世瞩目的巨大成就，但是也出现了一些矛盾和问题，有些还比较尖锐和严重，比如生态环境恶化、失业压力增大、贫富差距扩大、自主创新水平低、社会事业发展滞后、社会保障体系不健全、腐败现象严重等问题。这其中既有市场经济不健全的问题，也有社会主义制度不完善的问题，从根本上说，这些问题的出现源于我们经验不足，社会主义与市场经济还未能有效结合起来，二者的长处还没有充分发挥出来。[1] 党的十八大以来，随着经济体制改革的深化，社会主义和市场经济的有机结合达到了新的高度，一方面表现为市场经济的优势得到进一步发挥，内在缺陷得到纠正；同时也体现了社会主义的制度要求，彰显了社会主义的优越性，比如集中力量办大事、实现效率与公平的统一、逐步提高劳动报酬在初次分配中的比重、缩小城乡和地区差距等。

社会主义市场经济体制成为基本经济制度的一部分，使我们更加坚定社会主义市场经济的方向，把市场经济与社会主义制度进行深度有机结合，最大限度地把市场经济体制的优越性和社会主义制度的优越性相衔接，从根本上解决制约我国经济发展的诸多矛盾，加快解放和发展生产力。

综上所述，社会主义市场经济发展，有赖于基本经济制度的确立和不断发展完善。基本经济制度的每一次创新和发展，都促进了社会主义市场经济的发展，完善的基本经济制度是成熟的社会主义市场经济的制度前提。基本经济制度既适应市场化不断完善，从而促进生产力的发展，同时又制约着市场化的方向，避免出现资本主义市场经济条件下的财富占有两极分化、周期性经济危机、经济持续停滞，使得各种所有制经济的活力均得到释放，从而推动社会生产力快速发展。

第二节　社会主义基本经济制度与正确处理政府与市场关系

一　坚持公有制为主体、多种经济成分共同发展

公有制为主体、多种所有制经济共同发展是我国国家制度和国家治理体系的显著优势之一。所有制结构居于基本经济制度的重要地位，是社会主义分配制度和社会主义市场经济体制形成的重要基础，

---

[1]　张宇：《中国特色社会主义政治经济学》，人民出版社 2016 年版，第 283—284 页。

是中国特色社会主义的重要支柱和社会主义市场经济的根基。①

社会主义市场经济是社会主义制度与市场经济的结合，包括了两个方面的问题：一是政府与市场（计划与市场的关系）；二是公有制与市场经济的兼容与结合。这两个方面的问题也是经济体制改革的两条主线，对于社会主义市场经济而言，其地位和作用是不一样的。② 在经济运行机制与所有制的关系上，二者既相互联系又相互区别，经济运行机制既会受到所有制的制约，也反过来会影响所有制的完善和发展。这两条主线在经济体制改革的过程中是辩证统一的。

公有制与市场经济的兼容或结合决定着政府与市场关系的发展。如果没有公有制内涵及实现形式的发展，国有企业就不能成为自主经营、自负盈亏的市场主体，市场的调节作用就将被限制在狭小的范围内，不能有效地发挥作为生产调节者的作用。以公有制为主体的基本经济制度，一方面改变了市场经济体制的一般性质，另一方面也使得社会主义市场经济具有了新的制度规定性。

（一）坚持公有制为主体、多种经济成分共同发展有利于社会主义市场经济微观主体发展

1. 多种经济成分自身取得了巨大发展

国有企业和国有资本不断做强、做优、做大。国有企业改革最先围绕经营权进行，尝试通过采取各种措施扩大企业经营权，起初有效果，但没有从根本上解决问题。随着社会主义市场经济体制的确立，开始采取各种措施进行产权改革，国有企业的构成发生了翻天覆地的变化。2003 年后，通过国有资产管理体制的改革，有力地促进了国有企业的经营权改革。2013 年之后实行了分类改革和混合所有制改革，国有企业的活力逐步得以释放。作为中国特色社会主

---

① 《社会主义基本经济制度的所有制优势》（http：//opinion. people. com. cn/n1/2019/1211/c1003 – 31501533. html）。

② 张宇：《论公有制与市场经济的有机结合》，《经济研究》2016 年第 6 期。

义理论的重大创新，将公有制经济与市场经济体制相结合，明确了国有经济的改革发展方向，加快了社会主义市场化改革进程。建设现代企业制度，完善法人治理结构等一系列措施出台并实施，特别是党的十八大以来，针对全面深化国有企业改革，以习近平同志为核心的党中央作出了一系列新的部署，提出了一系列新的举措，大幅度提升了国有资本运营效率和国有企业竞争实力。国有企业在追赶国际科技和产业发展前沿、维护国家经济安全稳定、提升国家核心竞争力等方面都发挥了重大作用。在 2019 年的世界企业 500 强榜单中，中国企业增至 129 家，国有企业总数为 88 家，国务院国资委出资企业 48 家。

民营经济不断焕发生机活力。改革开放以来，民营经济地位不断提升，从作为国家根本大法的宪法到各项具体政策均为民营经济的发展营造了宽松的法律和政策环境。随着民营经济由弱到强、由小到大、逐步崛起，人民群众有了广泛参与社会主义经济建设的渠道和方式，积极性、创造性高涨，激活了社会资本等各种要素，推动了市场的有效竞争。民营经济的发展在国民经济全局中占据了重要地位，其历史贡献可以概括为 "56789"，即税收 50% 以上，GDP 60% 以上，技术创新 70% 以上，城镇劳动就业 80% 以上，企业数量 90% 以上都来自民营企业的贡献。可以说，没有民营经济的发展，就没有整个经济的稳定发展。

2. 混合所有制经济发展，有利于塑造与社会主义市场经济发展相适应的微观主体

在社会化大生产中，多种经济成分之间融合程度提升，有利于形成富有成效的社会分工体系和产业链条。所有制的多样性既拓宽了人民群众参与经济建设的渠道和方式，也更有利于人民群众自主追求和实现利益的诉求。

社会主义基本经济制度确立以后，既坚持以公有制为主体，多种所有制经济也得到了较快发展，混合经济的特征在宏观领域得到了充分体现。但是在微观企业制度上，还没有充分体现混合经济的特征。

作为基本经济制度的实现形式，混合所有制经济的发展，使得混合经济由企业外部深化到企业内部，企业作为微观主体更好适应社会主义市场经济，从而微观企业制度也更好体现基本经济制度的要求。如此，微观经济主体就由多种所有制经济融合而成，更好地与社会主义市场经济体制保持一致。

推动混合所有制改革既符合经济社会治理的大逻辑，也符合历史发展的必然规律。近年来，随着改革的深化，混合所有制经济发展成果显著。截至 2017 年年底，中央企业及各级子企业中混合所有制企业户数占比达到 68.9%，其中通过资本市场引入社会资本超过 3386 亿元。中央企业在产权层面已经与社会资本实现了较大范围的混合，全部进入公司制时代。国内一些知名民营企业，如阿里巴巴和京东等，也积极参与中央企业的混合所有制改革，与公有制企业实现了优势互补，融合发展。

从"公有制为主体、多种所有制经济共同发展"到"混合所有制经济是基本经济制度的重要实现形式"的转变，是基本经济制度不断发展的体现。通过多元化投资、规模经营、高效的资本运作等方式，混合所有制经济提高了企业的经济效益和竞争能力，推动国有企业进一步完善现代企业制度，既实现了资源的优化配置，同时也增加了政府的财政收入，推动中国经济高质量发展。

（二）坚持公有制为主体对于社会主义市场经济的重要意义

1. 保证和发展社会的整体利益

在多种所有制经济共同发展的条件下，多种形式的私有制经济、部分劳动群众的集体经济或合作经济，容易从私人利益和集团利益出发，与社会整体利益和长远利益相矛盾。通过公有制经济的协调、引导作用，才能保证和发展社会主义社会的整体利益，实现社会整体利益与局部利益、长远利益与当前利益、公共利益与个人利益的结合。个人对物质利益的追求和社会共同利益的实现均得到了重视，找到了平衡个人利益与共同利益关系的有效实现形式，个人利益与共同利益的矛盾得以有效化解，各方面的积极性得以充分调动，形成解放和发展生产力的强大动力。①

集中力量办大事是我们国家的制度优势，能够保证和发展社会整体利益。公有制为主体，则是举国体制的坚实基础。要保持宏观经济总量和结构平衡、确保重点、弥补短板、有效防范和克服系统性风险和经济波动，必须坚持公有制为主体，综合运用中长期经济社会发展规划、国家重大发展战略、国有经济战略布局、宏观调控政策、产业发展政策、微观规制政策、社会管理政策等手段。

邓小平认为，公有制是社会主义经济的基础，决定了生产目的不是剥削，而是"最大限度满足人民的物质、文化需要"，社会主义制度具有这些特点，使得我国人民能够形成共同的"政治经济社会理想"和"道德标准"②。人民在社会主义制度的基础上，能够形成共同的政治经济社会理想、共同的道德标准，为在市场经济条件下更好实现国家整体利益、社会利益和长远利益创造了前提。社会主义市场经济以公有制为基础，因而具备了资本主义市场经济所没有的优越性。以公有制为主体，才能够克服资本主义私有制下的资本利润集中并无限积累，遏制广大劳动者绝对或相对贫困趋势，避免形成经济危机和周期性失衡。

2. 有利于政府有效发挥经济职能

生产资料公有制决定了宏观调控是社会主义国家的政府所特有的功能，政府对经济的宏观调控是社会主义制度的内在要求，与资本主义国家政府对经济的干预有着本质的区别。以公有制为主体的所有制结构使得政府对经济具有较强的控制力，可以有效实施宏观调控政策，促进市场有序运转、理性竞争，在一定程度上制约了私营经济的负面作用，为经济持续快速健康发展和国家的富裕强盛提供坚强保障。

市场和政府不是非此即彼的选择，要依据不同的生产力和生产关

---

① 何自力：《从新中国 70 年发展看中国模式的制度优势》，《西部论坛》2019 年第 5 期。

② 《邓小平文选》第 2 卷，人民出版社 1994 年版，第 167 页。

系现状，灵活地实现二者相互结合。由于一个社会的经济调节机制或运行机制在深层次上受到生产资料所有制性质的制约，因此对于社会主义公有制经济而言，不管处于不发达阶段，抑或是发达阶段，都内在地要求比资本主义私有制经济更多地发挥国家调节的作用。如果能够较好发挥国家调节主导作用，公有产权不仅可以与市场经济相融合，而且可以比私有产权更适合现代市场经济，产生更高的整体效益。①

3. 能够有效地运用计划手段，实现经济均衡发展，预防经济失灵

计划和市场都是资源配置的手段。从总体上来说，计划经济本质上是限制市场。十一届三中全会以后，我们逐步突破了把计划和市场看作是划分社会制度标志的传统观念，市场日益在资源配置中发挥重要作用。随着市场在资源配置中决定性地位的确立，也不能一味强调市场的优势而忽视其在总量平衡、资源和环境保护以及分配等方面的缺陷，也要重视国家计划的必要性，不能抛弃这一重要的调节手段。当然，社会主义条件下，计划调节主要是指导性、战略性、预测性计划，与计划经济条件下的指令性计划有本质区别。

社会主义的宏观调控与资本主义的宏观调控最根本的区别在于它的长期性和全局性，也就是计划性。计划这一履行经济职能的重要手段，只有在社会主义市场经济条件下，才能得到有效运用。只有以公有制为主体和国有经济为主导，使整个社会的经济活动具备一致的出发点和共同利益基础，才有可能真正实现通过社会计划直接调节社会劳动和其他资源的按比例分配。

国家计划是我国宏观调控的重要手段，党的十四大强调国家计划在宏观调控中的"导向作用"。党的十九大报告再次强调了国家发展规划的战略导向作用。对于我国的宏观调控而言，国家发展规划起着战略导向作用，同时还可以运用财政、货币等经济政策。我国五年规

---

① 程恩富主编：《国家主导型市场经济论》，上海远东出版社 1995 年版，第 5—6 页。

划是在不断创新、不断丰富的发展思想指导下制定和实施的,本质上是人民发展的规划、人民分享发展成果的规划,是中国人民创造历史的动力所在,也是中国持续发展的成功所在。

计划手段在促进经济增长方面的作用,也得到了实证研究的支撑。有学者通过国际比较发现,1978—2008 年间,世界上 100 多个国家和地区中,20 个经济增长率最快的经济体中,实行五年计划的有 13 个;前 10 个经济增长率最快的经济体中,有 8 个实行五年计划。[①]

(三)国有经济实现主导作用的方式逐步与社会主义市场经济要求相适应

国有企业的性质和地位问题,不仅仅是纯粹的经济问题,也是关系到党的执政地位和执政能力、关系社会主义制度的政治问题。正如习近平总书记所指出的:"国有企业是中国特色社会主义的重要物质基础和政治基础,关系公有制主体地位的巩固,关系我们党的执政地位和执政能力,关系我国社会主义制度。"[②]

从计划经济到社会主义市场经济,国有经济实现主导作用的方式发生了巨大变化,经过不断调整和改革,逐步适应了市场经济的发展要求,体现在以下几个方面。

第一,国有经济的主导作用主要体现在控制力上。在多种所有制经济共同发展的条件下,国有经济如果不具备控制力,而是仅仅在数量上占优势,或者处于垄断地位,就不能说发挥了主导作用。如果不是建立在市场竞争、优胜劣汰的基础之上,公有制为主体和国有经济为主导就会流于表面,导致经济失去活力和效率,也就不能够实现社会主义市场经济的健康发展。只有适应生产力发展的要求不断改革,调整布局、机构和组织形式,提高控制力和竞争力,国有经济才能真正发挥主导作用。近年来,国有企业和国有资本不断做强、做优、做

---

① 胡鞍钢:《从政治制度看中国为什么总会成功》,《红旗文稿》2011 年第 3 期。
② 《十八大以来重要文献选编》(下),中央文献出版社 2018 年版,第 392 页。

大，涌现了一大批具有较强国际竞争力的国有企业，更多国有企业出现在世界企业 500 强榜单中，2019 年达到了 88 家。

第二，国有经济的主导作用通过有进有退，提高整体素质来实现。国有经济自改革开放以来数量快速下降，近年来相对稳定。在工业企业资产构成方面，2005 年国有控股企业的资产占比为 48.1%，2014 年下降到 38.8%。从整体上看，除了一些关系到国家安全和经济命脉的行业外，国有、民营、外资经济的经营性资产分布呈现"三足鼎立"的格局，不存在"国进民退"的问题。20 世纪末，国家提出从战略上调整国有经济布局。服务于国家战略，国有资本布局不断优化调整，日益集中于关系国家安全、国民经济命脉的重要行业和关键领域，有助于国有企业结构改造和技术更新，更好发挥国有经济的主导作用。国有资本在航空航天、高铁、核电等领域发挥了引领作用，要实现高质量发展和创新驱动发展，还必须进一步提高国有企业的创新能力和效率。

为了改变不加区分推行改革、措施缺乏针对性的问题，实现经济效益和社会效益统一，十八届三中全会以后，国企国资进行分类改革。依据不同的功能作用和未来发展方向，将国有企业划分为两种类型，即商业类和公益类。另外，这种划分也不是一成不变的，应当随着企业承担任务和发挥作用的变化，动态调整功能定位和类别。商业类国有企业要实现市场化，在市场导向下实现退出、整合、发展，提高竞争能力。特别是充分竞争领域国企，将更加注重依据竞争力和盈利等能力指标进行考核，以期为人民创造更多财富，实现国有资产保值增值。公益类国有企业的发展目标不同，重点是提供公共产品、公共服务。

第三，国有经济的主导作用通过更多企业形式来实现。随着改革推进，混合所有制经济发展成果显著，已经占相当大的比重。中央企业在产权层面已经与社会资本实现了较大范围的混合，全部进入公司制时代。国内一些知名民营企业积极参与中央企业的混合所有制改革，与公有制企业实现了优势互补，融合发展。国有经济通过控股和参股等形式，既能与市场机制更好兼容，同时也提高了控制力和影响力。

（四）发挥国有经济的主导作用与促进非公有制经济发展相辅相成

社会主义初级阶段的公有制经济包括多种实现形式，不同形式的公有制企业、国有经济内部各企业都是独立的市场主体。对于后者而言，同样存在着一些明显差异，不同的企业具有不同的经济利益和财产关系，它们在竞争中发展。经过深化改革，绝大部分国有企业成长为适应市场经济要求的主体，在市场机制调节下从事生产经营，涌现出一大批具有良好效益、较强竞争力的优秀国有企业。这些国有企业具备相当生产规模，创新能力强，在一些主要技术指标上处于国际领先水平。在 2019 年的世界企业 500 强榜单中，中国企业从上年的 120 家增至 129 家，首次超过美国上榜企业数量，实现了历史性的突破。其中国有企业总数为 88 家，国务院国资委出资企业 48 家，中国石化、中国石油、国家电网分列第二位、第四位和第五位。

国有经济整体实力增强，为非国有经济发展创造了良好的宏观环境，带动了民营企业共同发展，合作共赢。在国有经济改革过程中，通过有进有退，调整布局，从中小企业层面退出。而国有经济的退出，则为民营资本的进入和发展提供了机会。民营企业在价格普惠、人才输送、技术溢出、资本救援等多方面，受益于国有企业在核心科技和战略产业的优势。比如，国机集团下属的科研院有 70% 的技术提供给民营企业；国有企业京东方在平板显示领域的发展，液晶面板供求变化导致价格大幅下降，拓展了处于产业链下游民营企业的利润空间；中航工业在研发大型水陆两栖飞机 AG600 的过程中，坚持开放合作，建立了"主承制商＋供应商"的"小核心、大协作"研发模式，充分调动全国资源参与项目研制。一些民营制造企业在参与飞机研制过程中，快速提升了整体技术能力。

在社会保障制度不完善的条件下，为了维持社会稳定，国有经济承担了失业保险、退休保险、医疗保险和住房保障等许多社会功能，付出了大量的社会成本。在经济转型过程中有企业的成本与收益的这种不对称，正是非国有经济获得迅速发展的一个重要条件。

国有经济的存在，能够不断增强国家的经济和国防实力、民族凝聚力，提升应对各种突发事件、重大风险的能力，保障国家安全。特别是在应对国际金融危机的过程中，国有经济发挥了重要作用。国有经济在资源、能源、交通、通信、金融等关键行业和领域具有控制力，稳定了危机期间市场的环境。因此，政府才能够扩大投资规模，进行广泛的结构调整，实施大范围的社会保障，从而降低危机的影响。如果仅仅依靠非公有制经济，不仅不可能迅速走出危机，非公有制经济自身的发展也会面临困境。

此外，不容忽视的是，一些领域的民族产业市场占有率大幅下降，部分重要产业被外资所控制导致我国丧失了定价权，威胁到我国的经济主权和独立自主的对外开放策略。因此，在全面深化改革的过程中，必须重视这些重要产业的公有制主体地位。[①]

（五）国有经济提升了国民经济的整体效率

经过 40 多年的艰辛改革历程，国有经济获得了前所未有的发展，尤其是进入 21 世纪，经营绩效明显提升。目前，在生产规模、科技创新、安全指标和发展速度等主要指标上，我国的许多国有企业都处于国内国际领先地位。通过建立高效率管理体制，国有企业完全可以具备较高的生产效率，而指责国有经济效率低下，完全是主观臆断，没有事实依据。这类观点实际上忽略了国有企业所特有的社会功能以及所具有的宏观意义上的效率。市场化只是国企改革的方式，最终目的则是提高控制力和竞争力，更好服务国家战略目标。衡量国有企业的效率，不能完全以市场化和微观效率的指标，还应当考虑到国有企业所发挥的维护社会稳定、保障国家安全等重要社会功能，从宏观的、动态的视角进行考察。如果忽视国有企业宏观意义上的效率，完全以市场化和微观效率的标准来衡量，不符合我国经济社会发展的

---

① 张福军：《坚持和完善基本经济制度关系到社会主义事业的兴衰成败》，《经济研究参考》2016 年第 67 期。

实际。

国有经济承担了投资大、收益薄的基础设施和公共服务建设。国有经济集中在能源、交通、通信等外部性很大的部门，这些部门投资大、周期长、见效慢，而且长期以来价格偏低。虽然这些部门对于国民经济的发展起着举足轻重的作用，但是利润较低，甚至经常处于亏损状态，其创造的价值和利润有的被转移到了国民经济的其他部门，包括非国有经济。在我国创新驱动发展战略中，国有企业发挥了先锋作用。进入新时代，国有企业不断加大在科技创新领域的投入。一些高科技产业，往往需要大量投资，经过较长的周期才能取得成果，是私营企业所不愿意也没有能力投资的。国有企业为了国家的整体利益和长远目标，克服资金和技术上的困难，创造了载人航天、探月工程、深海探测、高速铁路、特高压输变电等具有世界先进水平的重大科研成果。同时，还可以避免"投资风险社会化而投资收益私人化"的局面，使创新成果有利于经济社会发展、受益人群最大化。

我国国有经济的作用是与社会主义基本制度相联系的，是国家实现经济和社会有计划协调发展的重要手段，为全体社会成员的共同利益服务。这与资本主义经济中的国有企业的作用是完全不同的。国有企业是贯彻实施各项社会保障措施的执行者，建设了包括南水北调、西气东输、户户通电在内的一大批民生工程，不断优化社会公共服务，保障人民生活的基本需求。对于建设民生工程，国有企业坚持把社会效益放在首位，积极参与国家扶贫工作。首先是产业扶贫。国家开发投资集团有限公司管理的"中央企业贫困地区产业投资基金"和"贫困地区产业发展基金"2016 年成立，累计投资超 200 亿元，共 119 个项目，覆盖 14 个集中连片特困地区。其次是教育扶贫。建设银行长期推行"建行希望小学"的公益项目，自 1996 年以来，已在贫困地区建成 45 所希望小学。国有企业也是缩小贫富差距、实现共同富裕的重要载体，强调全民共同所有和实行按劳分配，从机制上可以防止收入和财富进一步流向少数人。

（六）国有经济能够有效应对市场失灵

市场失灵理论认为，由于存在垄断、外部经济效果、信息不完全等缺陷，市场难以解决资源配置的效率问题。这一理论实际上是从微观视角来看待市场缺陷，从这一理论出发，只能把国有经济的功能归结为对市场机制的补充，国有经济不可能在国民经济中起到主导和宏观调控的作用，而主要存在于私有企业不愿意或者不能有效经营的"市场失灵"领域，只是宏观调控的一种工具。坚持公有制为主体，我国国有经济才能够发挥主导作用。国有企业的主导作用得以有效发挥，才能够克服市场缺陷，实现国民经济持续协调、有计划地发展和长期动态平衡，巩固和完善社会主义制度。

有效应对市场失灵，不应当忽视市场机制宏观上的缺陷，即无法实现国民经济长期和动态平衡。从整体上进行有计划的调节，主要是通过国有经济来进行，不能对非国有经济干预过多。非国有经济具有完全独立的产权结构，如果干预过多，就会阻碍市场有效运行。实施宏观调控，某些情况下需要直接调节经济运行，这也是最有效的手段。而要直接调节经济运行，前提是在关系国民经济命脉的重要行业和关键领域，国有经济必须保持控制力。国有经济还可以有效平抑周期性的经济波动。市场经济必然存在着周期性的经济波动，会出现增长缓慢、失业增加、通货膨胀等总量失衡现象。国家可以通过运用国有经济的力量有效地平抑周期性的经济波动。当私人投资不足，影响国民经济增长时，国有经济进行投资弥补、引致和刺激市场投资；当出现通货膨胀时，可大规模增加国有企业的产量，以平抑物价。

进入新常态，我国经济也面临着很多困难和挑战，特别是结构性产能过剩现象比较严重。加快转变经济发展方式、调整经济结构，采取有效措施化解产能过剩，是提高发展质量和效益的唯一正确选择。如果不能适时实现转方式调结构的目标，不仅不能实现更好质量、更有效率、更加公平、更可持续的发展，而且也会耗尽改革开放以来积累下来的宝贵资源。市场具有自发性和盲目性，不能形成符合国家经济长远目标所需要的经济发展结构、方向和比例关系。这就需要有为政府和有效市场协调配合，才能在实现产业结构升级的同时，减少和消化这一过程所带来的经济和社会成本。我国的宏观调控，包括总量调控、调整产业结构失衡和短期经济波动，不仅需要运用财政和货币政策，而且在很大程度上依赖供给性和结构性政策，以及政府的直接调节。如果没有国有企业，这些政策不可能得到有效实施。

当前处于转方式、调结构、稳增长的重点时期，很多企业并没有很强的动力去实现这些目标，需要以政府为主导和市场引导相结合的方式加以推动并实现。国有企业的存在，使得政府具备了较强的经济调度能力，其本身和示范作用确保国家经济政策能够迅速落实。2008年国际金融危机爆发，很多国有企业能够积极响应国家经济调控的需要，保证不缩招甚至扩大招录新就业人员。2010年，国资委下属的78家国有企业退出房地产市场，有效缓解了房地产过热带来的房价调控压力。中国企业向海外走出去的战略，也是以国有银行和国有企业为主推进的。国有企业服务国家重大战略，坚定执行国家"一带一路"倡议，不仅带来了可观的效益，而且使中国产品和技术惠及更多国家。

国有经济可以增加国家宏观调控的时效性和调控力度。2007年上半年到2008年下半年，全球粮食供应因为出现危机而供应紧张，国际粮价上涨。在全球粮价飙升暴跌、大幅度震荡的形势下，中储粮集团迅速向市场投放中央储备粮，确保了国内粮食供应，主要粮食品种价格基本保持稳定，维护了国内粮食大局和宏观经济稳定运行。

二　坚持按劳分配为主体多种分配方式并存

党的十一届三中全会以来，我国的生产资料所有制结构、个人收入分配制度以及与此相适应的收入分配体制和分配结构、国民经济的宏观调控方式和调控体系都发生了深刻的变化。特别是1992年提出建立社会主义市场经济体制的改革目标之后，以公有制为主体、多种所有制经济共同发展的所有制结构在我国国民经济各部门、各行业、各地区迅速形成。每一种所有制形式在经济利益上都有自己的特殊要求，这种在经济利益上的特殊要求，必然要通过一定的分配形式来实现。于是以按劳分配为主体、多种分配方式并存的个人收入分配格局与多元化的分配结构随之形成。按劳分配原则体现了社会主义制度的公平性，而多种分配方式的并存则体现了在我国现阶段生产力不发达条件下各种生产要素要求参与收入分配的相对公平。

中国的市场化改革无疑推动了我国经济高速增长，人民生活水平普遍提高。而与此同时，随之而来的优胜劣汰作用不断显现，自20世纪90年代中期以来，我国居民收入差距不断扩大，出现了贫富分化的现象。收入分配问题日益受到关注，通过合理的收入分配制度使全体人民共享改革发展的成果，成为我国面临的一个重大命题。

（一）劳动者报酬比例较低是当前收入分配的主要问题

劳动份额直观地反映了劳动者报酬（主要是工资性收入）和财产收入的分配情况，比基尼系数和城乡居民收入差距更能反映贫富分化的程度。抓住了劳动份额也就抓住了贫富分化的要害，劳动份额提高了，贫富分化就能得到明显改善。①

市场经济要求收入按"要素"投入分配，与按劳动投入分配相比，土地、资本、知识等要素回报更高、收益更快。市场经济的主体要获得更高利润，就需要更多的资金和资源、更好的管理、更先进的技术，对这些要素需求的增长是市场经济的天然属性。而技术含量越高，资金程度越高，管理程度越高，掌握的资源越多，所需要的普通劳动力相对就越少。所以，资本、技术、管理等要素所有者的市场价格和收益就会逐渐提高，而相对普通劳动力的这种供求关系就会使其收益价格呈现出相对下降的趋势。

按要素分配必然遵循市场经济法则，即便要素参与生产和分配过程遵守公平的市场规则，而由于个人拥有的要素禀赋以及数量不同，要素所有者获得的收入必然有差距。在实际的生产和分配过程中，资

---

① 张宇：《中国特色社会主义政治经济学》，中国人民大学出版社2016年版，第194页。

本和劳动两大要素在各经济主体之间的分布是不均衡的，资本更容易集中在少数人手中，且积累规模和速度不易受到限制。"若认为腐败是导致极为不公的财富不平等和财富过度集中的唯一根源，就想得过于简单了。其实私人资本的积累和分配过程本身就具有使财富集中且往往过度集中的强大推动力。"① 相比较而言，劳动受到劳动者自身条件的限制，其所获收益必然是有限的。资本追求利润最大化，在与劳动博弈中处于优势地位，不可避免会出现劳动报酬比重过低的现象。有研究表明，在造成贫富差距的诸因素权重中，私营企业主与雇佣工人收入差距的权重为 46.50%，是造成贫富悬殊的最主要因素。②

劳动报酬率越低，绝大多数劳动者的收入就越低，而少数资本、土地、技术等要素所有者的收入就会越高，居民收入差距就会越大。改革开放以来，我国基尼系数不断提高，很大程度上就是由于劳动报酬率长期处于较低水平导致的。从 2011 年开始，劳动报酬率才逐步提高，2007 年到 2016 年间，基本在 45%—48% 区间内变动，明显低于很多发达国家。③ 劳动收入份额过低，已经严重威胁到我国经济发展的可持续性。④

（二）国民收入初次分配和再分配都要处理好政府与市场关系

按劳分配为主体、多种分配方式并存的分配制度，不仅关系到能否通过制度安排、调动积极性、推动经济社会持续稳定发展，同时也关系到能否坚持社会主义改革方向，通过制度安排，维护社会主义基本经济制度，并使之不断巩固、发展和完善。

近代和当代所有市场经济的发展实践表明：市场竞争机制容易产生收入分配差别扩大现象。因此，必须对基于市场自由竞争权所形成

---

① ［法］托马斯·皮凯蒂：《21 世纪资本论》，巴曙松等译，中信出版社 2014 年版，第 viii 页。

② 杨承训主编：《中国特色社会主义经济学》，人民出版社 2009 年版，第 444—448 页。

③ 张建刚：《新的历史条件下共同富裕实现路径研究》，中国社会科学出版社 2018 年版，第 64—65 页。

④ 程恩富、胡靖春：《论我国劳动收入份额提升的可能性、迫切性与途径》，《经济学动态》2010 年第 11 期。

的收入分配格局进行调节，不能任由市场竞争自由处置一切，单凭市场本身不能保证分配的公平性和效率目标。推进分配制度改革，在初次分配和再分配领域都要处理好政府与市场关系，使分配制度与完善社会主义市场经济体制相配合，改革的目标要使市场经济体制更有活力、在更加规范的基础上解决好分配差距过大的问题，促进公平和效率的有机统一。

1. 完善初次分配制度

（1）提高劳动者报酬

初次分配的依据是各生产要素对国民收入贡献的大小，主要由市场机制形成，各个市场主体根据市场供求形势的变化获得收入。

初次分配主要由市场机制形成，但并不意味着政府无所作为。要提高劳动者报酬，政府应当在初次分配领域进行干预，不同于政府制定工资标准的行政事业单位提高劳动报酬，需要在完善社会主义市场经济体制的过程中加以调节。

最根本的是要坚持和巩固公有制的主体地位，这是实现按劳分配主体地位的前提。要做大做优做强国有企业，深化国有企业分配制度改革，建立有效、公平的激励方式，纠正一些国有企业以逐利为目的而采用的违背按劳分配原则的分配制度，着重解决管理者收入过高的问题。国有企业劳动者具有较高的收入和良好的福利，就会产生示范效应，引导其他成分效仿。

对于非公有制企业而言，可以更多发挥工会的作用，明确工会代表劳动者一方的作用机制，建立和完善工资协商制度，发挥工会在劳资谈判中的积极作用，比之行政力量要求工资增长的方法更为有效。政府应当通过立法对最低工资标准进行调节，完善保护劳动者的法律法规，切实保护劳动者的合法权益，对民营企业进行正确的社会舆论引导。

（2）完善按要素分配的体制机制

在社会主义市场经济条件下，生产要素作为商品进行运动，通过市场机制实现自身的收益，各种性质的要素对于分配权利的诉求都应当被承认。党的十五大首先明确了要把按劳分配与按生产要素分配相结合的原则。随着生产过程的不断发展和日益复杂化，生产要素的外延呈现出日益扩大的趋势，知识、技术、管理、数据等生产要素在财富创造中发挥着越来越重要的作用。特别是随着信息技术的发展，数据在国民经济运行中越来越重要，不但能促进生产效率，在很多情况下其本身就是生产力的重要组成部分，是推动许多新兴产业发展的基础。根据《中国互联网发展报告2019》，数字经济已经成为中国经济增长的新引擎。十九届四中全会审议通过的《中共中央关于坚持和完善中国特色社会主义制度、推进国家治理体系和治理能力现代化若干重大问题的决定》第一次把"数据"增加为生产要素，反映了"数据"要素对经济增长的贡献明显上升的趋势，是一种理论创新，将会对数字经济的发展起到导向作用，促使企业更加重视数据要素。数据作为生产要素，既要鼓励其在市场上流通，发挥经济价值，也需要保护个人数据中与隐私相关的信息不受侵害，此外还应当逐步健全数据参与分配的相关体制机制，防止少数因大数据平台垄断而造成的不公平竞争和不公平分配，以及分配差距等问题。

2. 健全再分配调节机制

再分配是在初次分配的基础之上，主要由政府进行调控，对部分国民收入进行重新分配。政府根据经济社会发展的总体和长远利益对初次分配的结果加以调节。

有关资料显示，一些发达国家税前收入基尼系数都比较高，多数国家在0.5左右，但经过税收调节，其税后收入基尼系数都会明显下降，下降程度达十几个百分点，调节力度为30%—40%。据有关研究人员测算，中国初次收入不平等程度在数值上和经济合作与发展组织（OECD）国家相差不大，但中国居民收入再分配后基尼系数比初次分配仅下降几个百分点，调节力度只有百分之十几，小于（OECD）国家下降幅度。因此，还需要继续加大税收、社会保障、转移支付等对收入差距的调节力度，推进收入分配改革，进一步缩小居民收入分配差距，促进社会公平正义。①

再分配调节机制主要包括税收、社会保障、转移支付等主要手段。我国现有的税收体系对收入分配差距的调节尚未起到应有的作用，个人收入所得税的征收力度没有达到德国等欧美国家的水平，不能有效监管许多规避税收的行为。1997 年，党的十五大报告已经提出了"适时开征遗产税和赠与税等新税种"的明确任务，但相关政策措施至今尚未出台。由于现行税制下财产税尤其是房地产税以及遗产税和赠与税的缺位，无论在财产保有环节还是财产转让或交易环节，由财产分布不均引起的居民收入分配不公都没有得到相应的调控。② 在社会保障方面，与市场调节在各个经济领域的快速发展相比，我国社会保障体系的建设是滞后的，社会保障水平较低，还需要进一步提高。再者，政府还应当在提高劳动者素质方面作出更多努力。劳动者的工资和劳动力的素质具有正相关关系，劳动者素质越高，工资也就越高。

三　完善社会主义市场经济体制

基本经济制度的规定性内在于社会主义市场经济体制，随着中国特色社会主义经济的实践发展和理论演进而日益彰显。特别是党的十八大以来，全面深化经济体制改革的实践，使社会主义市场经济体制更为深入地与社会主义基本经济制度相兼容。③

加快完善社会主义市场经济体制，必须坚持社会主义市场经济改革方向，增强社会主义市场经济的制度规定性。正如习近平总书记所指出的："我们要坚持辩证法、两点论，继续在社会主义基本制度与

---

① 国务院发展研究中心主办：《2016 年中国经济年鉴》，中国经济年鉴社 2017 年版，第 15 页。

② 郭琳、郑新业：《完善财产税制，促进居民收入公平分配》，《政治经济学评论》2015 年第 2 期。

③ 顾海良：《社会主义市场经济体制是如何上升为基本制度的?》（http：//www. qs-theory. cn/dukan/hqwg/2020 - 01/19/c_ 1125480064. htm）。

市场经济的结合上下功夫。"① 这就要求政府和市场优势互补、有机结合，既发挥市场经济的长处，又发挥社会主义制度的优越性。在实践中，要始终反对两种倾向。一种倾向忽视我国市场经济的社会主义属性，把社会主义制度边缘化，主张中国改革要实现彻底的私有化和自由化，尽量减少政府干预。另一种倾向认为市场化的改革带来诸多矛盾和问题，有些还相当尖锐，甚至危及社会主义制度，为了克服所出现的矛盾，就要改变市场经济导向的改革方向。这两种倾向看似相反，本质上都否认了社会主义与市场经济结合的可能性。

（一）完善社会主义市场经济法律制度

社会主义市场经济本质上是法治经济，高水平的市场经济要建立在高水平的法治基础之上。市场主体的行为受法律约束和保护，是实现市场在资源配置中决定性作用的最为重要的前提条件之一，相应的法律规范也有利于更好发挥政府作用。完善社会主义市场经济法律制度，以法律来保护市场竞争，维护市场经济运行，激发市场主体活力，有利于公平、公正、公开地配置各种资源，保证公平地实现利益分配和再分配。

建立并完善有关产权保护、公平竞争、宏观调控、道德领域突出问题的法律制度，对于完善社会主义市场经济体制具有重要意义。

第一，产权保护法律制度。市场主体通过竞争，必然积累一定数量、不同形式的财产，客观上要求建立公平的财产权利保护制度。虽然我国已经制定并实施了《合同法》《劳动法》《担保法》《物权法》等一系列法律保护市场主体的产权和利益，但随着公有制实现形式的多样化，国家所有权、集体所有权、企业法人财产权、土地承包经营权等各类财产权的法律保护都有待进一步完善。完善产权法律保护制度，公有财产和非公有财产均得到有效保护，市场主体才能够保有竞争的价值动力，市场竞争机制也才能有效发挥作用。

第二，公平竞争的法律制度。市场体系的核心在于公平竞争，随

---

① 《十八大以来重要文献选编》（下），中央文献出版社 2018 年版，第 6 页。

着市场结构复杂化程度提高，市场经济日益激烈，只有市场主体在法律框架内公平竞争，才能确保经济有序运行，市场机制更加有效。只有真正落实市场准入负面清单制度，废除妨碍统一市场和公平竞争的各种规定，纠正阻碍公平竞争的做法，才能确保各类市场主体平等公平参与市场竞争，推动企业实现优胜劣汰。垄断和不正当竞争危害公平竞争，需要加强和改进反垄断和反不正当竞争执法，对各种形式的垄断、假冒伪劣商品的生产经营等不正当竞争行为，通过相应的法律和制度进行规范，维护公平竞争。

第三，政府宏观调控的法律制度。将政府宏观调控纳入法治轨道，有利于提高宏观调控政策的科学性和客观性，推动市场经济的健康发展。十八大以来，我国持续推进政府职能转变，消除政府不当干预，让市场在资源配置中起决定性作用。但是有法不依、执法不严、权大于法等现象依然存在，加之审批过多和监管不力并存，阻碍了市场配置资源决定性作用的发挥。因此，以法治精神推进法治政府建设就显得尤为重要，必须通过法治来界定公权力与私权力的边界。

当前，需要进一步完善政府对市场监管的法律制度。政府对微观市场主体的监管、权力使用应当符合法律既定的程序，在法律框架内进行。在法律上厘清政府作用的界限、政府监管的具体程序、监管应当承认的责任，通过一整套完善的法律条文，形成对政府行政的约束，进而更好地保障微观市场主体的权益。市场机制不可能实现劳动公平和共同富裕，政府还应当通过法治手段建立公平的社会收入分配机制和社会保障制度，缩小收入和财富分配的不公平，促进经济社会稳定和可持续发展。①

第四，道德领域突出问题的专项法律制度。发展社会主义市场经济，应当建立与之相适应的道德体系，加强有关突出问题专项立法是关键环节。道德领域突出问题的立法应当具有正确的价值导向，即

---

① 卫兴华：《社会主义市场经济是法治经济》（http://theory.people.com.cn/n/2015/0105/c83859-26328218.html）。

"保护产权、维护契约、统一市场、平等交换、公平竞争"。在立法实践中，更加注重将社会主义核心价值观融入社会主义市场经济法律制度，探索制定有关信用的法律，筑牢社会主义市场经济的信用基础。

（二）筑牢社会主义市场经济的道德支撑

规范市场主体行为，既需要法律，也需要道德。市场经济是法治经济，也应该是道德经济。[①] 社会主义市场经济的法制逐步健全，对社会主义市场经济的健康、高质量发展无疑起着重要作用。但是法律的约束空间有限，只能对违法行为进行规范，而且单独依靠法律具有较高的社会成本。道德则可以渗透到社会生活的各个领域和层面，作为主体的一种自律机制，调节作用更为广泛和深入，而且成本较低。社会经济伦理和道德健全，就可以大大降低交易成本，提高市场效率。当前，市场经济规则、政策法规、社会治理还不够健全，经济领域存在假冒伪劣、偷税漏税、诚信缺失等问题，阻碍社会主义市场经济顺利发展。为了保证社会主义市场经济健康发展，必须加强社会主义思想道德建设，构建社会主义市场经济的伦理支撑。

社会主义道德体系建立在基本经济制度基础之上，以为人民服务为核心、集体主义为原则、"五爱"为基本要求，引领社会主义市场经济发展。社会主义市场经济条件下，国家利益、集体利益和个人利益在根本上是一致的，但优胜劣汰的竞争也使人民之间的利益关系发生了重大的变化，出现了收入差距扩大的现象。社会主义市场经济必须协调好各种利益关系，发挥道德体系的反作用。社会主义道德体系可以在引导不同经济成分正常进行生产、交换、分配、消费，以及协调和处理各种利益关系上发挥重要作用，形成正确处理个人与社会、竞争与协作、先富与后富、经济效益与社会效益、公平与效率等各种关系的道德原则。在竞争与协作的关系上，社会主义市场经济既倡导正当、积极竞争，发挥竞争机制促进生产力发展的重要作用，同时也

---

① 《2016 年全国两会记者会实录》，人民出版社 2016 年版，第 14 页。

倡导在企业内部、行业内部以及行业之间进行广泛的协作，实现人与社会的全面发展。比如国有企业和民营企业，在市场竞争中既是独立自主、自负盈亏的竞争主体，同时也开展了多方面的合作，国有企业在核心科技和战略产业上具有优势，使民营企业在价格普惠、人才输送、技术溢出、资本救援等多方面获益。对于社会主义市场经济而言，在效率与公平的关系上，一方面要在劳动效率上超越资本主义市场经济，另一方面也要实现效率与公平的统一。资本主义市场经济建立在私有制基础之上，以追逐私人利益为动力，必然导致收入分配和财富占有的两极分化，不可能解决公平问题。不同于仅仅符合经济人行为的"道德"，社会主义道德建设把效率与公平的统一作为重要目标，为实现效率与公平提供思想保证。

重视诚信建设，社会主义市场经济才能健康发展。如果社会上存在着大量不诚信行为，就会限制和影响市场经济的健康发展。完善必要的法律和规章，加大对失信行为的打击和惩处是一方面，同时还应当加强有关诚信的思想道德教育，弘扬诚实守信的美德。弘扬与社会主义市场经济相适应的诚信理念、诚信文化、契约精神；推动各行各业各领域制定诚信公约，加快个人诚信、政务诚信、商务诚信、社会诚信和司法公信建设；构建覆盖全社会的征信体系，健全守信联合激励和失信联合惩戒机制；开展诚信缺失突出问题专项治理，提高全社会诚信水平。

加强对重大经济社会决策的道德风险和道德评估。涉及就业、就学、住房、医疗、收入分配、社会保障等民生问题的经济社会政策，从设计制定到实施执行，要充分体现社会主义道德要求，实现政策目标和道德导向的有机统一。通过进行道德风险和道德效果评估，及时纠正与社会主义道德相背离的突出问题，促进经济社会决策与道德建设良性互动。

针对社会主义市场经济道德领域突出问题，要加大治理力度。社会主义市场经济领域的道德建设既要靠教育倡导，也要靠有效治理。通过运用经济、法律、技术、行政和社会管理、舆论监督等各种手段，有力惩治食品药品安全、产品质量安全、生态环境等领域突破道德底线的行为。

（三）健全产权和知识产权保护制度

产权制度是社会主义市场经济的基石。应当抓紧完善产权制度，依法平等保护各种所有制经济的产权，对国有企业和国有资产同非公有制经济的产权保护一视同仁。国有企业和国有资产产权得到有效保护和监管，可以防止资产被内部人任意支配，防止因产权保护和监督不完善而流失。废除各种形式的不合理规定，消除各种隐形壁垒，切实落实产权保护政策，依法甄别和纠正社会反映强烈的产权纠纷案件，消除保护产权的所有制歧视，为民营企业发展提供可预期环境，调动民间投资的积极性。

习近平总书记指出，加强知识产权保护是完善产权保护制度最重要的内容，也是提高中国经济竞争力最大的激励。[①] 当今世界，创新是引领发展的第一动力，是经济高质量发展的关键驱动因素。知识产权保护是创新活动的重要支撑，要加快国家的创新发展，必须充分发挥知识产权制度对创新原动力的保障作用。通过构建完善的知识产权制度，加大知识产权保护力度，使经济主体更多致力于创新活动，从而强化创新型国家的动力机制，加快经济创新发展。

知识产权保护制度，体现了尊重创新、保护智力成果、规制知识经济市场秩序的宗旨，为知识产品进行产权界定及激励机制提供了保证。知识产权制度可以协调和平衡知识产权创造者和使用者之间的利益关系，为知识产权的权利人提供创新激励，保证创新活动发展，促进先进生产力快速增长。完善的知识产权制度，保证人们的创造性活动获得应有回报，从而激发创新创造活力，促进市场主体持续扩大创新投入，增强经济发展的持久动力，是实施创新驱动发展战略的重要保障。知识产权制度不完善，就会影响技术创新的成效和质量，影响

---

① 《加快完善社会主义市场经济体制》，中国市场出版社、中国计划出版社 2020 年版，第 51 页。

经济赶超的成败。

我国的知识产权保护取得了积极成效。2019 年 5 月，中国欧盟商会发布了该年度的《商业信心调查》报告。该项调查囊括了 585家在华欧盟企业，约 60%的企业认为中国显著提升了知识产权行政与司法保护水平。虽然取得了积极成效，但我国的知识产权保护还有待进一步完善，缩小与国际先进制度和经验的距离，更好适应创新发展的要求。尤其是知识产权被一些国家当作平衡国际贸易和对外关系的公共政策工具，造成了高新技术的引入和输出双重受阻，我国应当特别重视自主研发，修改和完善知识产权保护相关的法律法规，实施更为严格的知识产权保护。应根据实际需要，对现有的法律法规，特别是专利法和商标法，要加快推进修改，大幅提高侵权违法成本。在行政司法保护方面，要针对行政执法和司法保护中存在的问题不断改革，加大执法力度，开展专项行动，提升执法办案规模和效率。此外，针对实践中存在的知识产权保护意识淡薄问题，还应当强化舆论导向，凝聚全社会合力，形成有机联动和协调机制。

（四）推动发展混合所有制经济，提升公有制的控制力和影响力

从提出使股份制成为公有制的主要实现形式，到混合所有制是基本经济制度的重要实现形式，在中国特色社会主义政治经济学理论上，我们党实现了重大创新，指明了坚持和完善我国现阶段基本经济制度的路径。① 发展混合所有制经济，能够找到适应生产力发展要求、符合客观社会经济现实的基本经济制度的实现形式；能够解决共有产权制度的运行机制问题，实现资源配置新的制度安排，提高资源配置效率，激发经济运行的活力，使经济增长的速度与效益相结合；能够借助新的产权配置结构和企业运作形式，利用市场机制加快发展社会生产力，实现国民经济的快速发展。

完善社会主义市场经济体制，必然要遵循市场经济的一般规律，

① 葛扬：《中国特色社会主义基本经济制度》，经济科学出版社 2018 年版，第 207 页。

使市场在资源配置上发挥决定性作用，促进公有制与非公有制更好地融合。在制度层面上，混合所有制经济的发展必须坚持公有制为主体，并且在发展过程中不断提升公有制的控制力和影响力。在体制层面上，需要进一步完善与混合所有制经济发展相适应的管理机构和权力结构。因此，政府职能转变和政府机构的调整直接关系到混合所有制经济的发展。在机制层面上，混合所有制所需要的就是建立在现代企业基础上的市场化运行机制，是在充分交换的基础上的经济联系。实际上，混合所有制经济的运行机制就是不同所有制成分在企业中的联系机制。

党的十八大以来，我国在转变政府职能，尤其是在适应社会主义市场经济体制的组织架构和职能体系的改革方面有了较大进展，但是还没有从根本上克服政府职能错位、越位、缺位现象。政府对微观经济活动合理干预，才能发挥应有作用。如果过多干预，不仅无法发挥应有的作用，还有可能造成干预成本超过市场失灵所导致的损失。此外，过多干预也会伴随着腐败和寻租行为的增加，抑制市场和企业活力，降低资源配置效率。因此，政府职能转变就显得尤为重要，要更多发挥政府在设计、组织、推动混合所有制经济发展方面的重要作用。

（五）完善要素市场化配置体制机制

遵循渐进式改革思路，我国社会主义市场体系的建立经过了循序渐进的过程。改革之初，商品市场最先发展起来，由消费品市场向生产资料市场扩展，1992 年之后，要素市场开始得到发展。经过 40 多年努力，我国已经构建了各市场体系的基本框架。加快形成现代市场体系，要素市场建设是关键环节。我国的要素市场自改革开放以来得到了快速发展，市场配置要素能力显著增强。但是，相较于商品市场的发展，要素市场建设还相对滞后，市场化配置程度总体不高，这是社会主义市场经济体制的短板。要素扭曲配置造成了一系列经济结构性矛盾和问题，比如实体经济结构性供需失衡、金融和实体经济失衡、房地产和实体经济失衡等。经济结构性矛盾和问题的深层次原因是土地、资金、劳动力等要素的跨行业、跨区域流动存在障碍，要素比价关系不合理，要素统一市场没有形成，要素宏观配置效率低下，阻碍经济转向高质量发展。

深化生产要素价格市场化改革是关键。实现劳动、资本、土地、知识、技术、管理、数据等生产要素有效配置的关键，就是要有序推进这些生产要素价格的市场化改革，形成真实反映市场供求关系的市场化要素价格体系，从而发挥市场价格竞争性、高效率配置资源的信号、激励和导向作用，实现要素和资源的优化合理配置，促进生产要素从低质低效领域向优质高效领域流动。

破除要素自由流动的制度性障碍，促进要素自由流动，激发市场体系活力，为中国经济高质量发展提供重要支撑。首先要消除区域、地方壁垒，推动形成全国统一的要素市场，优化要素区域流动的制度环境和政策环境。比如劳动力市场，城乡与区域限制不利于劳动力资源的合理配置。需要深化户籍制度的改革，推进城乡、区域间基本公共服务均等化，降低劳动力流动成本，促进自由流动。其次要消除行业壁垒。加大市场准入改革，扩展生产要素自由进入的行业范围，真正发挥市场通过有效跨行业配置要素进而实现优化资源配置的功能。

推动数据要素市场化配置。我国经济发展要尽快转向创新驱动，关键是要激发技术、管理、知识等现代生产要素的活力。尤其是数据等新型生产要素，是数字经济时代的关键生产要素，能够加倍促进其他生产要素效率的发挥。如何发挥新型要素的作用，对产权制度、交易规则、价格机制等方面均提出了新的要求。我国数据要素市场化配置刚刚起步，需要加强顶层设计，统筹推进；推动清单化管理，提升开放共享水平；创新交易机制，健全市场体系。①

---

①　肖伟：《中国宏观经济研究院市场与价格研究所王磊提出：推进数据要素市场化配置》，《经济日报》2020 年 3 月 3 日第 11 版。

（六）建设新时代适应社会主义市场经济的企业家队伍

马克思和恩格斯在《共产党宣言》中提出了两个"决裂"①，表明无产阶级要用新制度、新观念代替旧制度、旧观念的决心和态度。建立在公有制基础之上的社会主义市场经济必然能够不断变革思想、更新观念，完善社会主义市场经济体制，超越与资本主义市场经济相联系的根深蒂固的观念，比如私有观念、个人主义观念、拜金主义观念等等，进而超越资本主义市场经济。

西方经济学将"经济人"作为研究市场经济的基点，忽视特定的经济关系和经济制度对人的经济行为和经济心理的作用。"利己和利他经济人假设"则认为，经济主体可能具有"利己"与"利他"两种特性和行为倾向，何者在社会上占据主导地位，取决于社会制度和各种环境。② 社会主义市场经济创造了良好的制度环境，人们在其中从事经济活动，既可以实现合理的个人利益最大化，同时也能够增进集体利益、实现社会利益最大化。社会主义市场经济坚持以公有制为主体，在制度层面上优越于以私有制为基础的资本主义市场经济，也应当能够在制度优越性基础之上，形成适应社会主义市场经济的新观念，特别是新时代的企业家精神，建设具有新时代企业家精神的人才队伍。

1. 弘扬企业家精神

企业家是经济活动的重要主体，社会财富的创造者、创新活动的实践者，在社会主义市场经济中发挥着重要作用。优秀的企业家能够给企业带来革命性变化，推动企业创新发展，创造巨大经济社会效益。习近平总书记在 2014 年的亚太经合组织工商领导人峰会上特别提及了企业家精神，他认为，市场活力来自人，特别是来自企业家，来自企业家精神。适应社会主义市场经济的企业家，应当

---

① 两个"决裂"是指"共产主义革命就是同传统的所有制关系实行最彻底的决裂；毫不奇怪，它在自己的发展进程中要同传统的观念实行最彻底的决裂"。《马克思恩格斯文集》第 2 卷，人民出版社 2009 年版，第 52 页。

② 程恩富等：《改革开放与中国经济》，中央编译出版社 2018 年版，第 78—81 页。

具备爱国敬业、遵纪守法、艰苦奋斗、创新发展、专注品质、追求卓越、诚信守约、履行责任、勇于担当、服务社会等优秀精神特质。最为重要的是以下两个方面：首先，能够积极践行社会主义核心价值观，怀有对国家、民族、社会的责任和担当。守法诚信，不制假、造假，在取得利益的同时积极履行社会责任，积极参与社会公益、慈善事业；其次，发挥创业创新精神。创新是企业家精神的核心，企业家通过创新活动为社会创造价值，在基本物质需求得到满足后，人们的消费需求更多地转向新颖、个性化等更高层次，需要企业家引导企业在创意、设计、研发、推广、营销等环节加大投入，提高产品科技含量和附加值水平。企业家要具备不畏风险、勇于开拓的创新精神，以创新精神带领企业研发新产品、创造新标准、实施新管理、采用新技术、开辟新市场，充分激发企业、市场活力，推动经济社会发展。

2. 致力于实体经济

实体经济是现代化经济体系的主体，也是国家经济赖以发展的基础，是满足人民美好生活需要的主要依靠。发达稳定的实体经济，对提供就业岗位、改善人民生活、实现经济持续发展和社会稳定具有重要意义，更是一个国家能否有效应对突发事件和外部冲击的关键。正是由于我国具备坚实的实体经济基础，在新冠疫情暴发后，不仅能够生产满足我国抗疫需要的医疗物资，还能为其他国家抗疫提供医疗物资的援助和出口。脱离实体经济，不仅会影响经济发展、扩大社会贫富差距，而且会增加经济金融风险和社会风险。在 2007 年的国际金融危机之后，世界各国更加重视实体经济的发展。中国制造的转型升级需要更多致力于实体经济、做优实体经济的企业家。企业家只有不断提升自身综合素质，完善企业经营管理制度，才能够推动企业更新更好发展。

政府应当积极改进服务、优化环境，激发、塑造、保护新时代的企业家精神，更大程度激发市场蕴藏的活力。在全社会范围内，注重营造尊重和鼓励企业家创新创业的社会氛围，通过税收优惠等措施，支持企业家的创新创业活动。

坚持党管人才,坚持和加强党对企业家队伍建设的领导。加强对国有企业家的党性教育、宗旨教育、警示教育,从而发挥对民营企业家的示范作用,为社会作出更大贡献。形成良性的政商关系,是完善社会主义市场经济体制的关键环节。习近平总书记提出要构建"亲""清"新型政商关系。政商关系要和谐、健康、清廉、公开、透明,一方面,政府为企业发展营造公平竞争的市场环境,同等对待不同所有制类型的企业,依法保护企业家合法权益;另一方面,公私分明,既积极主动为企业家服务,解决企业家在经营中遇到的困难和问题,又通过完善制度,反对和纠正以权谋私、权钱交易。

结　　语

　　政府与市场都属于社会历史的范畴，二者的关系是历史的、动态的，随着社会生产力、生产关系和上层建筑的发展而变化。破解政府与市场关系这一经济学上的世界性难题，不可能一蹴而就，也不存在一种普遍适用的最优模式。考察改革开放以来我国政府与市场关系演变的历程可以发现，从长期、动态和宏观的视角来看，二者实现了相互协调、相互补充，一方面我国持续推进政府机构改革，政府职能持续优化；另一方面市场在资源配置中的作用不断强化，重要性逐步提升，成为资源配置的决定性力量。而之所以能实现政府与市场之间相互协调、相互补充，关键在于社会主义市场经济的制度优势。如果只是在市场经济一般规律的层面，仅仅就政府和市场关系本身来讨论，结果只能陷入西方经济学"大市场小政府"或者"大政府小市场"两种模式的循环。①

　　在社会主义制度的框架下，可以有序地驾驭和控制资本，市场具备了理性选择的条件，即实现了法治、道德、企业家精神、人民意志的统一，能够更好发挥市场理性选择的作用。比如，市场在我国的减贫事业中发挥了重要作用；利用市场配置资源的效率，解放发展生产力，为实现共同富裕创造物质前提；很多有作为的大企业，越来越自觉地把经济效益和社会效益相结合。政府是高度宏观、自觉的经济力

① 刘凤义：《构建新型政府和市场关系的三个维度》，《中国高校社会科学》2017年第4期。

量，发挥着经济宏观调控的作用，不是只发挥行政职能。政府代表广大人民群众根本利益，政府选择和政府行为具有人民性，实现着较资本主义市场经济条件下更为广泛的经济职能。

　　政府与市场关系在不同历史时期、不同经济形势下，有着不同的表现形式。当今世界处于百年未有之大变局，我国经济发展的国际国内形势都发生了深刻变化，改革进入深水区，要处理好政府与市场关系，更要充分发挥社会主义制度优势。党不断改进领导水平和执政能力，在实践中贯彻以人民为中心的发展思想，社会主义基本经济制度不断完善，适应政府与市场关系的变化，推动实现政府与市场在更高层次上的结合，进而实现更高的目的和要求，即：共同富裕，以求处理好人与人的关系；绿水青山，以求处理好人与自然的关系；科技进步，以求处理好人与社会的关系；扩大开放，以求处理好本国同外国的关系，建立人类命运共同体。坚持以人民为中心的发展思想、坚持党的领导、坚持和完善社会主义基本经济制度，才能正确处理政府与市场关系，实现"两个一百年"梦想，实现民族复兴、人民幸福。

参考文献

一 中文著作

（一）经典文献

《马克思恩格斯选集》第1—4卷，人民出版社2012年版。

《马克思恩格斯文集》第2、3、10卷，人民出版社2009年版。

《马克思恩格斯全集》第30卷，人民出版社1995年版。

《马克思恩格斯全集》第49卷，人民出版社1982年版。

《马克思恩格斯全集》第4卷，人民出版社1958年版。

《马克思恩格斯全集》第46卷（上册），人民出版社1979年版。

《马克思恩格斯全集》第26卷（第二册），人民出版社1973年版。

《马克思恩格斯全集》第25卷，人民出版社1974年版。

《列宁全集》第42卷，人民出版社2017年版。

《列宁全集》第13卷，人民出版社1984年版。

《列宁选集》第4卷，人民出版社2012年版。

《列宁选集》第3卷，人民出版社1972年版。

《列宁专题文集·论社会主义》，人民出版社2009年版。

《斯大林全集》第11卷，人民出版社1956年版。

《斯大林文集》（下册），人民出版社1962年版。

《斯大林选集》（下卷），人民出版社1979年版。

《毛泽东社会主义政治经济学批注和谈话》（清样本）上册，中华人民共和国史学会，1997年。

《建国以来毛泽东文稿》第8册，中央文献出版社1963年版。

《邓小平文选》第 2 卷，人民出版社 1994 年版。

《邓小平文选》第 3 卷，人民出版社 1993 年版。

中共中央文献研究室编：《邓小平年谱（一九七五——一九九七）》（下），中央文献出版社 2004 年版。

江泽民：《论社会主义市场经济》，中央文献出版社 2006 年版。

《江泽民论有中国特色社会主义（专题摘编)》，中央文献出版社 2002 年版。

《习近平谈治国理政》第 1 卷，外文出版社 2018 年版。

《习近平谈治国理政》第 2 卷，外文出版社 2017 年版。

《习近平关于社会主义经济建设论述摘编》，中央文献出版社 2017 年版。

《习近平关于严明党的纪律和规矩论述摘编》，中央文献出版社、中国方正出版社 2016 年版。

《十八大以来重要文献选编》（上），中央文献出版社 2014 年版。

《十八大以来重要文献选编》（中），中央文献出版社 2016 年版。

《十八大以来重要文献选编》（下），中央文献出版社 2018 年版。

《十七大以来重要文献选编》（上），中央文献出版社 2009 年版。

《十六大以来重要文献选编》（中），中央文献出版社 2006 年版。

《十六大以来重要文献选编》（上），中央文献出版社 2005 年版。

《十五大以来重要文献选编》（中），人民出版社 2001 年版。

《十四大以来重要文献选编》（上），人民出版社 1996 年版。

《十二大以来重要文献选编》（中），人民出版社 1986 年版。

《中国共产党第十六次全国代表大会文件汇编》，人民出版社 2002 年版。

《中国共产党第十三次全国代表大会文件汇编》，人民出版社 1987 年版。

《中共中央关于全面深化改革若干重大问题的决定》，人民出版社 2013 年版。

《中共中央关于经济体制改革的决定》，人民出版社 1984 年版。

（二）其他中文著作

曹尔阶：《超常增长：中国驾驭资本的奇迹》，南京大学出版社 2017
  年版。

陈宗胜、吴浙、谢思全等：《中国经济体制市场化进程研究》，上海
  人民出版社 1999 年版。

程恩富等：《改革开放与中国经济》，中央编译出版社 2018 年版。

葛扬：《中国特色社会主义基本经济制度》，经济科学出版社 2018
  年版。

顾海良：《马克思经济思想的当代视界》，经济科学出版社 2005 年版。

顾海良、张雷声：《从马克思到社会主义市场经济》，北京出版社
  2001 年版。

国家统计局农村社会经济调查总队：《中国农村贫困监测报告
  （2004）》，中国统计出版社 2004 年版。

国家统计局住户调查办公室：《中国农村贫困监测报告（2016）》，中
  国统计出版社 2016 年版。

国家发改委经济体制与管理研究所课题组：《建立我国经济体制改革
  监测评价制度研究》，中国财政经济出版社 2016 年版。

国务院发展研究中心主办：《2018 年中国经济年鉴》，中国经济年鉴
  社 2019 年版。

国务院发展研究中心主办：《2016 年中国经济年鉴》，中国经济年鉴
  社 2017 年版。

胡鞍钢、王绍光编《政府与市场》，中国计划出版社 1999 年版。

胡鞍钢、王绍光、周建明主编：《第二次转型：国家制度建设》，清
  华大学出版社 2003 年版。

胡钧：《中国社会主义市场经济研究》，山东人民出版社 1999 年版。

黄树东：《制度与繁荣》，中国人民大学出版社 2018 年版。

刘国光：《社会主义市场经济理论问题》，中国社会科学出版社 2013
  年版。

鲁品越：《社会主义对资本力量：驾驭与导控》，重庆出版社 2008

年版。

陆汉文、梁爱有、彭堂超：《政府市场社会大扶贫格局》，湖南人民出版社 2018 年版。

潘维主编：《中国模式：解读人民共和国的 60 年》，中央编译出版社 2009 年版。

彭森主编：《十八大以来经济体制改革进展报告》，国家行政学院出版社 2018 年版。

世界银行：《1991 年世界发展报告：发展面临的挑战》，中国财政经济出版社 1991 年版。

王沪宁主编：《政治的逻辑：马克思主义政治学原理》，上海人民出版社 2004 年版。

王清宪：《论中国政府在经济市场化进程中的作用》，中国统计出版社 2004 年版。

王绍光：《国家治理》，中国人民大学出版社 2014 年版。

咸台炅：《中国政党政府与市场》，经济日报出版社 2002 年版。

谢自强：《政府干预理论与政府经济职能》，湖南大学出版社 2004 年版。

闫健：《中国共产党转型与中国的变迁：海外学者视角评析》，中央编译出版社 2013 年版。

杨承训主编：《中国特色社会主义经济学》，人民出版社 2009 年版。

杨玉生：《社会主义市场经济理论史》，山东人民出版社 1999 年版。

张建刚：《新的历史条件下共同富裕实现路径研究》，中国社会科学出版社 2018 年版。

张维迎：《政府与市场——中国改革的核心博弈》，西北大学出版社 2014 年版。

张宇：《过渡之路：中国渐进式改革的政治经济学分析》，中国社会科学出版社 1997 年版。

张宇：《中国经济改革的经验及其理论启示》，中国人民大学出版社 2015 年版。

张宇:《中国特色社会主义政治经济学》,中国人民大学出版社 2016
　　年版。

张卓元、房汉廷、程锦锥:《市场决定的历史突破:中国市场发育与
　　现代市场体系建设 40 年》,广东经济出版社 2017 年版。

张卓元:《十八大后经济改革与转型》,中国人民大学出版社 2014
　　年版。

中国(海南)改革发展研究院主编:《收入分配改革的破题之路》,
　　中国经济出版社 2012 年版。

周新城:《马克思与中国经济改革》,经济日报出版社 2017 年版。

朱光磊:《当代中国政府过程》,天津人民出版社 2002 年版。

　　(三) 译著

[法] 托马斯·皮凯蒂:《21 世纪资本论》,巴曙松等译,中信出版社
　　2014 年版。

[美] W. 阿瑟·刘易斯:《经济增长理论》,梁小民译,上海三联书
　　店 1990 年版。

[美] 奥尔森:《国家兴衰探源》,吕应中等译,商务印书馆 1999
　　年版。

[美] 福山:《政治秩序与政治衰败:从工业革命到民主全球化》,毛
　　俊杰译,广西师范大学出版社 2015 年版。

[美] 杰夫·马德里克:《政府与市场的博弈:20 世纪 70 年代以来金
　　融的胜利与美国的衰落》,李春梅、朱洁译,机械工业出版社 2013
　　年版。

[美] 罗伯特·韦德:《驾驭市场——经济理论和东亚工业化中政府
　　的作用》,吕行建等译,企业管理出版社 1994 年版。

[美] 莫妮卡·普拉萨德:《过剩之地:美式富足与贫困悖论》,余晖
　　译,上海人民出版社 2018 年版。

[美] 萨缪尔森、诺德豪斯:《经济学》(第十四版),胡代光等译,
　　北京经济学院出版社 1996 年版。

[美] 斯蒂格利茨:《经济学》(第二版),梁小民、黄险峰译,中国

人民大学出版社 2000 年版。

［美］坦茨：《政府与市场：变革中的政府职能》，王宇等译，商务印书馆 2015 年版。

［挪威］A. J. 伊萨克森等：《理解市场经济》，张胜纪、肖岩译，商务印书馆 1996 年版。

［日］青木昌彦、奥野正宽、冈崎哲二编著：《市场的作用，国家的作用》，林家彬等译，中国发展出版社 2002 年版。

二　学术论文

包心鉴：《论我国经济市场化进程中的机构改革》，《南京社会科学》1998 年第 3 期。

常修泽、高明华：《中国国民经济市场化的推进进程及发展思路》，《经济研究》1998 年第 11 期。

陈立中、张建华：《经济增长、收入分配与减贫进程间的动态联系——来自中国农村的经验分析》，《中国人口科学》2007 年第 1 期。

程恩富：《邓小平经济理论的八大辩证思维》，《经济学动态》1998 年第 1 期。

程恩富：《改革、开放和发展的不同思路与流派》，《上海市经济管理干部学院学报》2007 年第 2 期。

程恩富：《改革开放以来新马克思经济学综合学派的若干理论创新》，《政治经济学评论》2018 年第 6 期。

程恩富、高建昆：《论市场在资源配置中的决定性作用——兼论中国特色社会主义的双重调节论》，《中国特色社会主义研究》2014 第 1 期。

程恩富：《构建"以市场调节为基础、以国家调节为主导"的新型调节机制》，《财经研究》1990 年第 12 期。

程恩富、胡靖春：《论我国劳动收入份额提升的可能性、迫切性与途径》，《经济学动态》2010 年第 11 期。

程恩富：《中国特色社会主义政治经济学八个重大原则》，《唯实》

2017 年第 1 期。

范从来：《益贫式增长与中国共同富裕道路的探索》，《经济研究》
2017 年第 12 期。

葛扬：《在所有制结构调整中准确理解基本经济制度》，《现代经济探
讨》2019 年第 12 期。

顾钰民：《论社会主义市场经济和基本经济制度的重要理论发展》，
《福建论坛·人文社会科学版》2014 年第 11 期。

郭琲、郑新业：《完善财产税制，促进居民收入公平分配》，《政治经
济学评论》2015 年第 2 期。

何道峰：《中国 NGO 扶贫的历史使命》，《中国扶贫基金会会刊》
2001 年第 9 期。

何自力：《从新中国 70 年发展看中国模式的制度优势》，《西部论坛》
2019 年第 5 期。

胡鞍钢：《从政治制度看中国为什么总会成功》，《红旗文稿》2011 年
第 3 期。

胡怀国：《破解理论经济学界的“小政府”迷思》，《学习与探索》
2017 年第 12 期。

胡钧：《正确认识政府作用和市场作用的关系》，《政治经济学评论》
2014 年第 3 期。

胡乐明：《政府与市场的“互融共荣”：经济发展的中国经验》，《马
克思主义研究》2018 年第 5 期。

简新华：《社会主义市场经济的运行特征和合理有效机制探索》，《毛
泽东邓小平理论研究》2017 年第 8 期。

李成勋：《两种市场经济异同辨析》，《毛泽东邓小平理论研究》2016
年第 11 期。

李玲：《中国应采用政府主导型的医疗体制》，《中国与世界观察》
2005 年第 1 期。

李祥兴、王先俊：《改革开放以来我国对政府与市场关系认知的嬗变
及启示——兼谈对新自由主义思潮及其影响的批判》，《当代中国史

研究》2018 年第 4 期。

林伯强：《中国的经济增长、贫困减少与政策选择》，《经济研究》
　　2003 年第 12 期。

刘伟、蔡志洲：《完善国民收入分配结构与深化供给侧结构性改革》，
　　《经济研究》2017 年第 8 期。

刘伟：《坚持社会主义市场经济的改革方向——中国特色社会主义经
　　济转轨的体制目标》，《中国高校社会科学》2019 年第 2 期。

鲁品越：《社会主义市场经济与资本主义市场经济的本质区别》，《思
　　想理论教育》2012 年第 11 期。

马凯：《加快建设中国特色社会主义法治政府》，《求是》2012 年第
　　1 期。

潘维：《谈市场和政府，不能忘了"人民"》，《红旗文稿》2015 年第
　　14 期。

潘小娟、吕芳：《改革开放以来中国行政体制改革发展的趋势研究》，
　　《国家行政学院学报》2011 年第 5 期。

陶玉：《更好发挥政府作用是社会主义市场经济的独特优势》，《马克
　　思主义研究》2014 年第 7 期。

王立胜：《科学理解唯物史观中经济与政治的辩证关系：三次争论及
　　其当代启示》，《中共中央党校（国家行政学院）学报》2019 年第
　　4 期。

卫兴华：《关于市场配置资源理论与实践值得反思的一些问题》，《经
　　济纵横》2015 年第 1 期。

卫兴华、闫盼：《论宏观资源配置与微观资源配置的不同性质——兼
　　论市场"决定性作用"的含义和范围》，《政治经济学评论》2014
　　年第 4 期。

文秋良：《经济增长与缓解贫困：趋势、差异与作用》，《农业技术研
　　究》2006 年第 3 期。

吴莲：《从房地产失控看过度市场化的危害》，《马克思主义研究》
　　2007 年第 2 期。

习近平：《对发展社会主义市场经济的再认识》，《东南学术》2001 年第 4 期。

辛向阳：《从人类政治演进规律看中国的国家治理》，《理论探讨》2015 年第 2 期。

辛向阳：《科学社会主义视阈下的五大发展理念》，《东岳论丛》2016 年第 6 期。

辛向阳：《"四个全面"战略布局思想的三大逻辑》，《南京师大学报》（社会科学版）2015 年第 9 期。

辛向阳：《推进国家治理体系和治理能力现代化的三大路径》，《江西社会科学》2014 年第 2 期。

辛向阳：《习近平国家治理思想的理论渊源》，《当代世界与社会主义》2014 年第 6 期。

辛向阳：《新时代中国马克思主义需要回答的三个重大问题》，《思想理论教育》2018 年第 12 期。

杨承训：《党的领导是社会主义市场经济体制的重要特征》，《红旗文稿》2015 年第 16 期。

杨承训：《中国市场经济改革应重视强政府与旺市场的建设》，《经济纵横》2012 年第 2 期。

余金成：《全面从严治党与完善社会主义市场经济》，《中共天津市委党校学报》2017 年第 1 期。

余金成：《社会主义市场经济是人类发展模式创新》，《理论与现代化》2018 年第 4 期。

袁恩桢、刘柯杰：《再论中国特色社会主义的"政府和市场"双强模式》，《毛泽东邓小平理论研究》2019 年第 9 期。

袁恩桢：《政府与市场关系的历史演变》，《毛泽东邓小平理论研究》2016 第 6 期。

张福军：《坚持和完善基本经济制度关系到社会主义事业的兴衰成败》，《经济研究参考》2016 年第 67 期。

张宇：《党政有为是社会主义市场经济的本质要求》，《经济导刊》

2014 年第 5 期。

张宇：《论公有制与市场经济的有机结合》，《经济研究》2016 年第
6 期。

周敏慧、陶然：《市场还是政府：评估中国农村减贫政策》，《国际经
济评论》2016 年第 6 期。

［美］戴斯蒙德·金：《美国的隐性政府：隐藏国家的代价》，张国华
译，《国外理论动态》2013 年第 3 期。

［美］弗雷德·布洛克：《被隐形的美国政府在科技创新中的重大作
用》（上），张蔚译，《国外理论动态》2010 年第 6 期。

［美］弗雷德·布洛克：《被隐形的美国政府在科技创新上的重大作
用》（下），张蔚译，《国外理论动态》2010 年第 7 期。

［英］马里亚纳·马祖卡托：《创新国家——政府应该创建市场，不
只是修复它们》，周岳峰译，《决策与信息》2015 年第 8 期。

三 英文文献

Block, Fred, "Swimming Against the Current: The Rise of A Hidden De-
velopmental State in the United States", *Politics and Society*, 2008. 36
(2).

Fred Block and Matthew R. Keller, "Where do Innovations Come From?
Trans Formations in the U. S. National Innovation System, 1970 –
2006", *The Information Technology & Innovation Foundation I*, July
2008.

Jonathan. D. Ostry et al., "Redistribution, Inequality, and Growth",
IMF Staff Discussion Note, No. 14/02, 2014. IMF.

Mariana Mazzucato, *The Entrepreneurial State: Debunking Public
vs. Private Sector Myths*, *Demos*, London, UK. 2011.

Novak, William, "The Myth of the 'Weak' American State", *American
Historical Review*, 2008. 113 (3).

四　报纸

蔡昉：《为处理好政府和市场的关系贡献中国智慧》，《理论导报》
　　2019 年第 1 期。

林毅夫：《处理好政府和市场的关系》，《人民日报》2013 年 12 月
　　28 日。

刘国光：《资源配置的两个层次和政府市场的双重作用》，《社会科学
　　报》2014 年 6 月 5 日。

后　　记

　　这部专著是在我博士学位论文的基础上修改而成的，回想论文写作的日日夜夜、点点滴滴，直到今天仍感慨万千。在研究生毕业十年之后，我才又踏上了求学之路。十年之间，我忙于辅导员工作和思政课教学，疏于专业学习和写作，在教学过程中日渐感觉知识储备捉襟见肘。能到中国社会科学院研究生院继续学业，可以说是我人生的最大转折和最幸运的事情之一。在这所中国哲学社会科学研究的最高学术殿堂，我遇到了许多学识渊博、和蔼可亲的老师们，激发了我对学术的热情；我也遇到了志同道合、优秀勤奋的同学和朋友们，激励我在学术的道路上勇敢前行。我十分珍惜来之不易的学习机会，三年的时间里，只要完成所在学校的教学任务，就回到研究生院看书学习。回想论文的写作过程，无数次想到过放弃。特别是在论文写作的关键时期，新型冠状病毒肆虐全国，多重焦虑叠加，更是处于崩溃的边缘。然而每天早晨看到新闻里那些奋战在抗疫一线的人们，都会忍不住流泪，他们激励着我坚持属于自己的战斗。家人和朋友们的鼓励和宽慰也缓解了我精神上的压力，让我能够继续写作。很庆幸我最终坚持了下来，完成了博士学位论文，无论如何，这段求学时光将成为我人生中的宝贵财富。

　　我觉得我是一个幸运的人，得到了老师和师母、家人、朋友太多的帮助，没有他们，我不可能完成博士阶段的学业。衷心感谢我的导师辛向阳研究员，他真正做到了"学为人师，行为世范"，他的治学精神时刻激励着我在求学的路上不敢懈怠。他在日常生活中几乎是手不释卷，记得他曾经说过，利用外出坐高铁的几个小时时间就可以读完一本书，利用开会的间隙可以写一篇文章。他本身既有行政职务，又承担着大量的教学科研任务，工作繁忙。尽管如此，只要我们在学习和写作中有问题向他寻求帮助，他总是尽量抽出时间予以解答。毕业论文从选题到写作、修改，老师都给予了悉心指导，每当论文写作陷入困境，他的指导总能让我茅塞顿开。感谢师母张晓红女士，她富有生活智慧，经常同我们分享生活感悟，和她的交流让我变得愈加豁达和快乐。感谢我的家人，他们在我求学的过程中代我照顾年幼的女儿，让我没有后顾之忧。感谢师兄陶利江博士，从一入学就鼓励我抓紧时间阅读文献，争取早日确定选题并围绕选题撰写相关论文，他的鼓励和帮助让我对自己逐渐有了信心，在博士阶段的学习中主动性有所提高。感谢师兄朱大鹏博士、刘斌博士、史为磊博士、王安忠博士，师姐刘文卿博士和骆小平博士，和他们在学习、生活上的交流让我受益匪浅。感谢我的同学和好友马明华博士，老乡们都称他为"马哥"，学习之余组织大家打羽毛球、品尝京城美食，时不时还能从他那里搜罗很多美味零食，读博生活也因此有了不少乐趣。感谢好友王瑜博士，这位文艺范的女青年总爱穿着八厘米的高跟鞋，时尚优雅，在博一年末的聚会上她的一曲好听的民族歌曲很是惊艳。和粗枝大叶的我不同，她待人温和体贴，在得知我因为写论文焦虑、失眠之后，立马给我邮寄了泡脚的中药，被人关怀的温暖霎时就让我焦躁的情绪大为舒缓。感谢好友宋翠玉博士，来自东北的她却很是细腻温和，为人坦诚，总让人感觉心里暖暖的。太多的人需要感谢，感谢他们陪我走过生命中难忘的时光。

离开研究生院（大家都亲切地称为小院）三年，我仍然会时常想起曾经在那里的日子。每天早晨绕着它走一大圈，满眼五彩缤纷的花朵，总感觉生活如此美好。记得刚到小院的时候，满心的失望，因为位置偏僻，只有一个大门出入，出门只能坐公交或者地铁。待在小院的时间越长，却渐渐爱上了这个地方。小院虽小，却特别适合心无旁骛地读书学习，从宿舍到体育馆、图书馆或是餐厅都只需五分钟，省去了很多在路上的时间，即便再晚，也可以背上书包，到 24 小时开放的教室自习。读博的三年时间里，能够静心读书，得益于小院温馨宁静的氛围。小院的三年，是我生命中一段重要的时光，这期间的积累，给了我在学术的道路上继续前行的信心和勇气。

最后，衷心感谢中国社会科学出版社的田文老师，在论文修改过程中，她提出了很多宝贵意见，让我受益匪浅。

张　璐

2023 年 6 月 11 日